Bronzezeit in Deutschland

Nikol

# Bronzezeit in Deutschland

Herausgegeben von
Albrecht Jockenhövel
und Wolf Kubach

Nikol Verlagsgesellschaft mbH & Co. KG
Hamburg

Redaktion:
Isa Kubach-Richter, Vera Witzgall-Hofmann

Sonderheft der Zeitschrift
»Archäologie in Deutschland« 1994

Bronzezeit in Deutschland
Sonderausgabe 2000 für
Nikol Verlagsgesellschaft mbH & Co. KG
Hamburg
Mit freundlicher Genehmigung des
Originalverlages



Umschlaggestaltung: Jürgen Reichert,
Stuttgart, unter Verwendung eines Fotos des
Brandenburgischen Landesmuseums für Ur-
und Frühgeschichte, Potsdam. Das Bild zeigt
eine Bronzeamphore aus einem
jungbronzezeitlichen Depotfund in Herzberg
(Kr. Ostprignitz-Ruppin, Brandenburg).

Druck: Westermann Druck, Zwickau
Printed in Germany
ISBN 3-933203-38-4

# Inhalt

# An der Schwelle der Geschichte – Bronzezeit als historische Epoche

VON ALBRECHT JOCKENHÖVEL

Zu den glanzvollsten Abschnitten einer längst vergangenen Welt gehört ohne Zweifel die Bronzezeit. Jeder Besucher eines größeren Museums in Deutschland, jeder Wanderer und Erkunder einer Landschaft stößt, wenn er einen Blick dafür gewonnen hat, fast zwangsläufig auf noch erhaltene Bodendenkmäler aus dieser Zeit. In Norddeutschland sind es landschaftsprägende mächtige, meist von Bäumen gekrönte Grabhügel (Abb. 46) und in Süd- und Ostdeutschland große Bergsiedlungen (Abb. 15. 17), die ehemals mit Mauern aus Steinen, Holz und Erde, von denen nur noch Wälle erhalten blieben, stark befestigt waren (Abb. 16). Man ahnt hinter diesen, nur durch eine größere Gemeinschaft ausführbaren Anlagen eine gegenüber früheren Zeiten straffer geordnete Gesellschaft. Die Welt der Männer war geprägt durch kriegerische Attribute wie Schutz- und Trutzwaffen, darunter das nun aufkommende Schwert, die der Frauen durch reiche Trachtattribute, die sich regional voneinander unterschieden. Kunstvoll hergestellte Gegenstände aus Gold, wie z. B. die Goldkegel (Abb. 91), und Bronze, wie z. B. die Bronzegefäße (Abb. 77–79), zeigen mit ihrer eindrucksvollen Ornamentik und Symbolik nicht nur neue Fertigkeiten der Handwerker selbst, sondern auch das Aufkommen neuer religiöser Strömungen. Grundvoraussetzungen der neuen Zeit waren der Zugang und die Vermittlung der wichtigsten Rohstoffe wie Gold, Kupfer, Zinn und Bernstein von Landschaft zu Landschaft. So ist erklärlich, daß die Bronzezeit oft schlagwortartig als die Zeit der »Krieger, Künstler, Händler« bezeichnet wird.

Wenn auch die Bronzezeit Mitteleuropas noch nicht in das historische Licht antiker Geschichtsquellen trat, so war sie doch in ihrer fast eineinhalbtausendjährigen Geschichte Partner der frühen Hochkulturen in der Ägäis, in Ägypten und im Vorderen Orient. Der »Häuptling« von Leu-

**1 Im Palast von Knossos (Kreta) steht in den Repräsentationsräumen ein Thron aus Alabaster, der dem sagenhaften König Minos zugeschrieben wird. Die Ausgrabungen von Sir Arthur Evans (1851–1941) förderten im Jahre 1900 die älteste Hochkultur auf europäischem Boden zutage.**

bingen (Abb. 41. 45) war fast Zeitgenosse des großen Königs und Gesetzgebers Hammurapi von Babylon (1728–1686 v. Chr.) sowie von namenlosen Königen auf dem minoischen Kreta (Abb. 1) und dem Burgberg von Mykene (Abb. 2), die Wagenfahrer von Poing (Abb. 73) und Hart an der Alz waren Zeitgenossen von Pharao Ramses II. (1290–1224 v. Chr.) und dem Hethiter-Großkönig Muwatalli (ca. 1295–1282 v. Chr.), die sich in der Schlacht bei Kadesch (1285) gegenüberstanden, bzw. von Ramses III. (ca. 1193–1162 v. Chr.), der die »Seevölker« im Nildelta schlug (Abb. 3). In der älteren Forschung wurden gerade jene für den Fall der Reiche der Mykener, Hethiter und der syrisch-palästinensischen Stadtstaaten verantwortlich gemacht. Als Ausgangslandschaft dieser »Großen Wanderung« wurde lange Zeit sogar Zentraleuropa vermutet. Die frühgriechische Adelswelt Homers spiegelte in vielem – auch in Verhalten, Denkweise und Ethos der Helden – bronzezeitliche Züge wider; der sagenumwobene Trojanische Krieg wurde mit bronzenen Waffen in bronzezeitlicher Kampftechnik ausgetragen. Jungbronzezeitliche Zeitgenossen in Mitteleuropa hätten noch den Aufstieg Israels und Assy-

**2 Blick auf den Burgberg von Mykene (Griechenland). Die steinernen Reste einer großartigen Festungsarchitektur vermitteln auch dem heutigen Besucher das Bild einer Herrscherwelt, die sich teilweise noch in den homerischen Erzählungen widerspiegelt.**

riens als neue Machtfaktoren im Vorderen Orient erleben oder auch phönikischen Händlern begegnen können.
Das Wort Bronze wird auf den antiken Begriff »aes brundusinum«, d. h. brundusinisches Erz zurückgeführt; Metallwerkstätten im antiken Brindisi waren auf seine Herstellung spezialisiert. Gleichfalls war in der Antike das »bronzene« oder »eherne« Zeitalter eine versunkene, zugleich verklärte Zeitepoche, die dem idealen »goldenen« folgte und dem »eisernen« Zeitalter voranging. Wissenschaftlich wurde die Bronzezeit als eigenständige Epoche erst Anfang des 19. Jahrhunderts herausgestellt, als das Dreiperiodensystem (Steinzeit, Bronzezeit, Eisenzeit) von dem Dänen Chr. L. Thomsen eingeführt wurde. Man versteht heute unter Bronzezeit die Epoche zwischen dem Ende des 3. und dem Beginn des 1. Jahrtausends v. Chr., in der Bronze als eine Kupfer-Zinn-Legierung zum vorherrschenden Material für Metallgegenstände wurde. Ihre Wurzeln liegen in der Jungsteinzeit, die in ihren jüngeren Abschnitten teilweise von Kupfergegenständen (auch mit erhöhten Arsen-Beimischungen) geprägt war, so daß man auch von Kupferzeit oder Chalkolithikum spricht.

**3 Die Bilder an den Wänden des Totentempels von Medinet Habu bei Theben (Oberägypten) künden vom Sieg Ramses' III. über die eingedrungenen »Seevölker«. Einzelne Merkmale der Bewaffnung und die Vogelform der Schiffssteven verleiteten die ältere Forschung zu der Annahme, daß die Heimat einiger dieser Völkerschaften in Mitteleuropa zu suchen sei. – Nach H. Müller-Karpe.**

**4 Bei Dohnsen (Niedersachsen) wurde 1955 eine Bronzetasse (H. 5,7 cm) gefunden, die aus dem mykenischen Bereich stammt. Sie gilt als Fernimport und gleichzeitig als Beleg der Beeinflussung der mitteleuropäischen Bronzezeitkultur durch die ägäischen Hochkulturen der Minoer und Mykener. Etwa 16./15. Jh. v. Chr.**

In welchen Regionen der Alten Welt Bronzen zuerst intentionell hergestellt wurden, ist noch nicht völlig klar, da nicht immer zwischen natürlicher Beimengung und künstlicher Legierung unterschieden werden kann. Ohne Zweifel liegen frühe Zentren im Vorderen Orient und Kleinasien, in Mesopotamien, Anatolien und der Troas, aber auch in Europa selbst, wo in Böhmen, Mitteldeutschland, auf den Britischen Inseln und in der Bretagne neben Kupfer- auch Zinnlagerstätten erreichbar waren. Dort existierte bereits sehr früh eine reich ausgeprägte Kultur. Zur Beschaffung der zur Herstellung von Bronzen notwendigen Rohstoffe, aber auch von Gold, Silber und Bernstein bestanden wohl weitgespannte Austauschsysteme (»Handel«), die den Kontakt der bronzezeitlichen Bevölkerungsgruppen untereinander förderten und zur Herausbildung verwandter Kulturzüge entscheidend beitrugen.

Die größten Unterschiede zwischen den europäischen und vorderasiatischen Bronzezeitkulturen liegen im Bereich der Schriftlichkeit und den mit ihr verbundenen Strukturen. Nur dort – in Ägypten mit Hieroglyphen, im Vorderen Orient mit Keilschrift – und im Mittelmeergebiet (in der mykenischen Kultur in Linear B-Schrift) war man fähig, zu schreiben. So wissen wir aus den in den vorderasiatischen sowie minoischen und mykenischen Städten aufgefundenen Schriftarchiven viele Details über staatliche, private und wirtschaftliche Vorgänge. Wir kennen aus ihnen die Namen der angebeteten Götter und die mit ihnen verbundenen Kulte. Palast und Tempel waren die Machtzentren, von denen die übrige Bevölkerung, auch die auf dem Land, abhängig war. Die mauerumgürteten Städte waren zudem in Funktionsbereiche gegliedert, so gab es neben den Bereichen der politisch-religiösen Zentralgewalten – Palast und Tempel – auch bestimmte Handwerksbezirke und Wohnquartiere. Entsprechendes ist für das schriftlose Europa nur indirekt, d. h. aus dem archäologischen Fundstoff zu erschließen.

Vielfach wird die Bronzezeit Europas über weite Strecken hinweg in einem Beziehungsfeld zur ägäischen Hochkultur gesehen (Abb. 4). Dabei spielte die mykenische Welt eine offenbar große Rolle, denn viele wichtige Züge der Bronzezeit werden auf sie zurückgeführt. Die von Heinrich Schliemann im Gräberrund A von Mykene geborgenen Toten werden letztlich von vielen Forschern als Auslöser gesellschaftlicher Veränderungen angesehen, die auch das nordwärts angrenzende Europa erfaßten. Bestandteile dieser »Neuen Zeit« sind Prunkwaffen, Einführung einer neuen Kampftechnik mit dem Schwert als neuem Waffentyp, Haltung von Pferden zum Reiten und Fahren, besonders die Verwendung von Streitwagen, neue Technologien, besonders die Durchsetzung der echten Bronzemischung aus Kupfer und Zinn, exzeptionelle Goldfunde, Spiralornamentik, auffällige Grabausstattungen und -anlagen (wie mächtige Hügel) und anderes.

# Raum und Zeit – Gliederung der Bronzezeit

VON ALBRECHT JOCKENHÖVEL

Aufgrund seiner großen geographischen und geologischen Unterschiede und der damit verbundenen regionalen Auffächerung stellt Deutschland weder in naturräumlicher noch in kultureller Hinsicht während der Bronzezeit eine Einheit dar. Dabei geben die großen Flußsysteme von Donau, Rhein, Weser, Elbe und Oder die Leitlinien vor, an denen sich auch die kultu rellen Gemeinsamkeiten und Verbindungen ausrichten. Der Süden Deutschlands hat durch alle Zeiten hinweg starke Verbindungen zu den alpinen Ländern (Schweiz, Oberitalien), zu Böhmen, Mähren, Österreich und Ungarn, sein Westen zu Frankreich, Belgien und Holland, ja bis zu den Britischen Inseln. Der Osten Deutschlands ist eng mit Polen, sein Norden (Niedersachsen, Schleswig-Holstein, Mecklenburg) mit Dänemark und Südschweden verbunden. So ergibt sich eine Vielzahl von archäologischen Gruppen (»Kulturen«) in einem recht komplizierten Zeitgefüge (vgl. Abb. 5). Dabei folgt man bis zum nördlichen Rand der Mittelgebirge einem von dem süddeutschen Forscher Paul Reinecke (1872–1958) entworfenen Grundgerüst (Stufen Bz A–D; Ha A–B), während die Bronzezeit Norddeutschlands durch das von dem Schweden Oscar Montelius (1843–1921) erstellte System (Perioden I–VI) gegliedert wird.

Die Bronzezeit Deutschlands wird geläufig eingeteilt in eine Früh- (Ende 3./Beginn 2. Jt. bis ins 16. Jh. v. Chr.), Mittel- (vom 16. bis ins 13. Jh. v. Chr.) und Jungbronzezeit, die auch als Urnenfelderzeit bezeichnet wird (vom 13. bis ins 8. Jh. v. Chr.). Wichtige Unterscheidungsmerkmale sind zunächst die Bestattungssitte und die Grabform: Die Frühbronzezeit wird durch das Flachhockergrab, die Mittelbronzezeit durch Hügelgräber mit Körperbestattungen und die Jungbronzezeit durch Brandbestattungen in Urnenflachgräbern geprägt.

Die Früh- oder Altbronzezeit (Abb. 6) setzt gegen Ende des 3. Jahrtausends v. Chr. ein. Sie baut auf den Grundlagen der Glockenbecher- und der späten Schnurkeramischen Kultur auf und wird deshalb in ihrem älteren Abschnitt (Stufe Bz A 1) noch weitgehend von endneolithischen Kulturverhältnissen bestimmt. So bestehen bezeichnenderweise die »bronzenen« Waffen, Geräte und der Schmuck dieser Zeit noch aus Kupfer. Die Legierung des Kupfers, das aus unterschiedlichen Abbaugebieten stammt, mit Zinn setzte sich erst einige Jahrhunderte später, zur ausgehenden Frühbronzezeit (Stufe Bz A2) durch. In Süddeutschland werden mehrere archäologische Kleingruppen unterschieden, die teils zusammenhängend, teils inselartig isoliert nebeneinander stehen. Von Bedeutung sind im bayerischen Voralpenland die Straubinger Gruppe und an Bodensee und Hochrhein die Singener Gruppe. Letztere leitet zur Adlerberg-Gruppe über, die am nördlichen Oberrheingraben verbreitet ist. Diese Gruppen sind zumeist nur aus Grabfunden – in der Regel sind es Hokkerbestattungen in Flachgräbern – bekannt. Die bedeutendste Gruppe der Frühbronzezeit ist jedoch die auch in Mitteldeutschland (Sachsen, Sachsen-Anhalt, Thüringen) verbreitete Aunjetitzer Kultur, deren weitere Zentren in Böhmen (dort liegt unweit von Prag der namengebende Fundort Únětice), Mähren, Niederösterreich,

| v. Chr. | Mitteleuropa | Süddeutschland und westliches Mitteldeutschland | Östliches Mitteldeutschland und Ostdeutschland | Norddeutschland | |
|---|---|---|---|---|---|
| | Ältere Eisenzeit | Hallstattzeit | Billendorfer Kultur | Späte Bronzezeit | Per. VI |
| 750 | | | | | |
| | | [Urnenfelderzeit] Späte | [Lausitzer Kultur] Waagerecht geriefte Keramik | [Jüngere Bronzezeit] | Per. V |
| | | Jüngere | | | |
| 1020 | Jüngere Bronzezeit | | | | Per. IV |
| | | Mittlere | Rillenkeramik | | |
| | | Ältere | | | |
| | | Frühe Urnenfelder- bzw. späte Hügelgräberzeit | Buckelkeramik | [Ältere Bronzezeit] | Per. III |
| 1300 | | [Hügelgräberzeit] Jüngere | | | |
| | Mittlere Bronzezeit | Mittlere | „Früh"- bzw. „Vor"-Lausitzer Kultur | | Per. II |
| 1500 | | Ältere | | | |
| | | [Frühe Bronzezeit] Frühe Hügelgräber- bzw. jüngere Frühbronzezeit | [Aunjetitzer Kultur] Späte Phase | | Per. I |
| | Frühe Bronzezeit | | Klassische Phase | [Nordisches Spätneolithikum] | |
| 1950 | | Ältere Frühbronzezeit | | | |
| | | | Vorklassische Phase | | |
| 2200 | | | | | |
| | Endneolithikum | Glockenbecherkultur | | | |

**5 Zeittafel. Die Jahreszahlen in der linken Spalte sind teils mit naturwissenschaftlichen Methoden, teils durch Verknüpfungen mit der Chronologie des Mittelmeergebietes ermittelt. – Entwurf W. Kubach u. I. Kubach-Richter.**

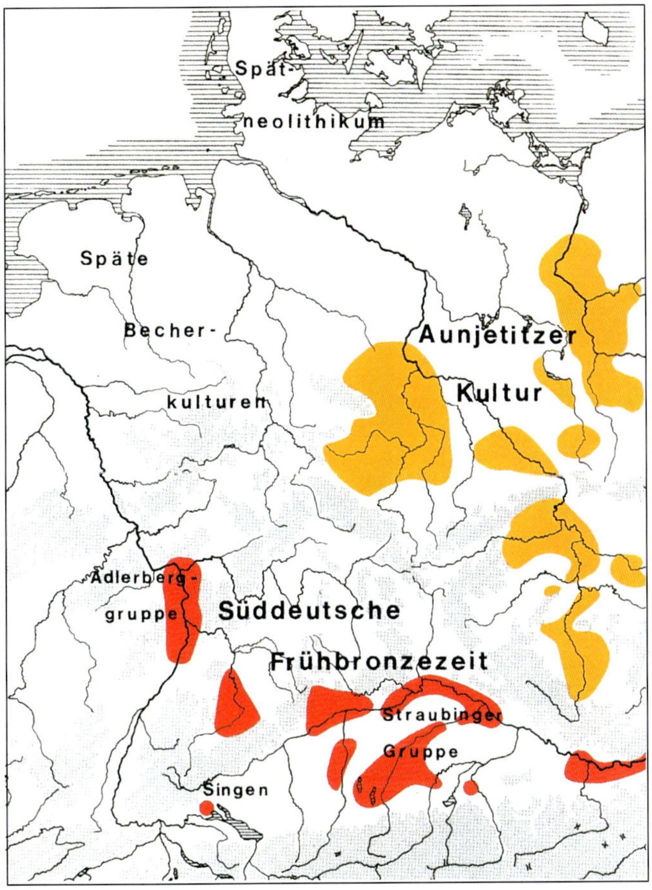


**6 Verbreitungskarte frühbronzezeitlicher Kulturgruppen in Deutschland. – Nach G. Weber.**

der Südwestslowakei und Westpolen lagen. Es gibt Indizien, daß Teile der Bevölkerung aus Böhmen und Mähren in das Gebiet nördlich des Erzgebirges eingewandert sind. In der klassischen Phase der Aunjetitzer Kultur setzte sich der neue Werkstoff Bronze endgültig durch. Zeugnis hierfür legt die massenhafte Herstellung von Bronzegegenständen ab, die aus den zahlreichen Hortfunden überliefert sind (Abb. 42). In den Metallwerkstätten der Aunjetitzer Kultur waren hochbegabte Handwerker tätig, die komplizierte Gußtechniken beherrschten, welche an den frühbronzezeitlichen Prunkwaffen wie Doppeläxten, Vollgriff- und Stabdolchen (Abb. 42. 64. 81) abzulesen sind. Der Reichtum dieser Kultur zeigt sich besonders in den sogenannten Fürstengräbern wie Helmsdorf, Leubingen (Abb. 45) und Dieskau. Die mitteldeutsche Aunjetitzer Kultur beeinflußte stark die nördlich anschließende Tieflandzone, besonders Mecklenburg-Vorpommern, wo viele Metallgegenstände dieser Gruppe bekannt wurden, jedoch die typischen Gräber fehlen.

Im norddeutschen Tiefland wird eine volle Metallzeit eingeleitet mit dem sogenannten Sögel-Wohlde-Grabsittenkreis, der in Nordwestdeutschland, einschließlich Teilen Westfalens, verbreitet ist, und der Periode I des Nordischen Kreises, dessen Südrand in dieser Zeit die Elbe bildete. In weiten Teilen früher dicht besiedelter Landschaften sind aber noch keine Metallfunde bekannt. Es hat den Anschein, daß in diesen Gebieten noch »steinzeitlich« bestimmte Kulturverhältnisse andauerten.

Die Mittelbronzezeit (Abb. 7) wird im Süden bis zum nördlichen Rand der Mittelgebirgszone durch zahlreiche Regionalgruppen der nach dem vorherrschenden Bestattungsritus – Körperbestattungen unter Grabhügeln – bezeichneten Hügelgräberkultur (auch Hügelgräberbronzezeit: Stufen Bz B und C) geprägt. Bedeutende Gruppen sind zum Beispiel die Oberpfälzische (mit starken Verbindungen nach Westböhmen), Oberbayerische, Schwäbische, Rhein-Main- und Werra-Fulda-Gruppe (letztere mit Einschluß der Südthüringischen Gruppe). Sie beeinflußten weite Teile Niederdeutschlands bis zur Elbe hin, wo die Lüneburger Gruppe beheimatet war. Zwischen Elbe und Oder gibt es auch aus dieser Zeit erstaunlich wenige Funde, die der vor allem in Polen vorkommenden sogenannten Vorlausitzer Kultur angehören. Nördlich der Elbe formierte sich in der Periode II der eigenständige, jedoch vielfach auch südliche Anregungen aufnehmende Nordische Kreis, der sich kontinuierlich in die Periode III fortsetzte. Seine Metallgegenstände gehören zu den schönsten Produkten der Bronzezeit.

In der Jungbronzezeit (Abb. 8) folgt auf diese kantonale Aufsplitterung nach einer Umbruchzeit eine größere kulturelle Vereinheitlichung. Nach der vorherrschenden Bestattungsart wird diese Periode auch als Urnenfelderbronzezeit (oder Urnenfelderzeit: Stufen Bz D, Ha A und Ha B) bezeichnet. Viele ihrer Metallgegenstände

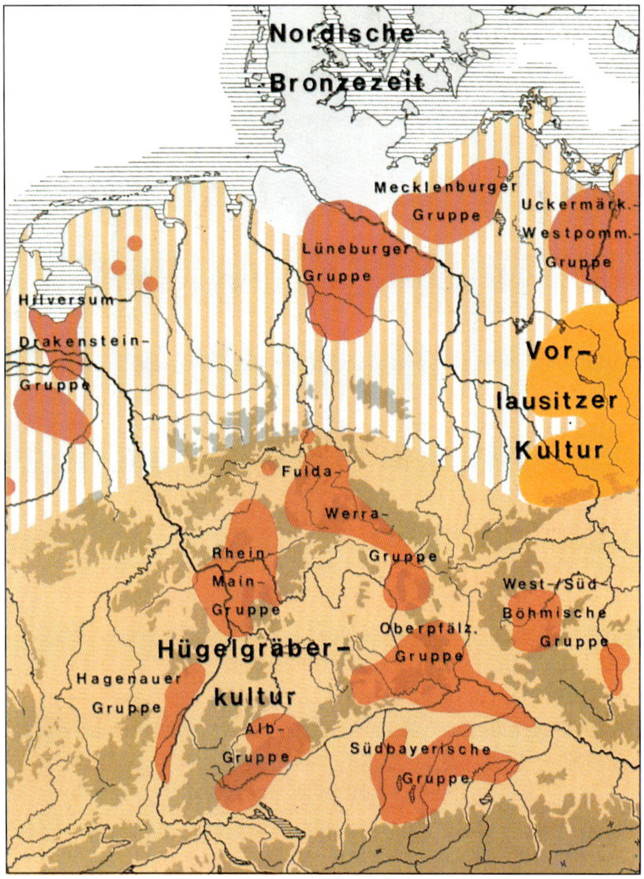


7 **Verbreitungskarte mittelbronzezeitlicher Kulturgruppen in Deutschland. – Nach G. Weber.**

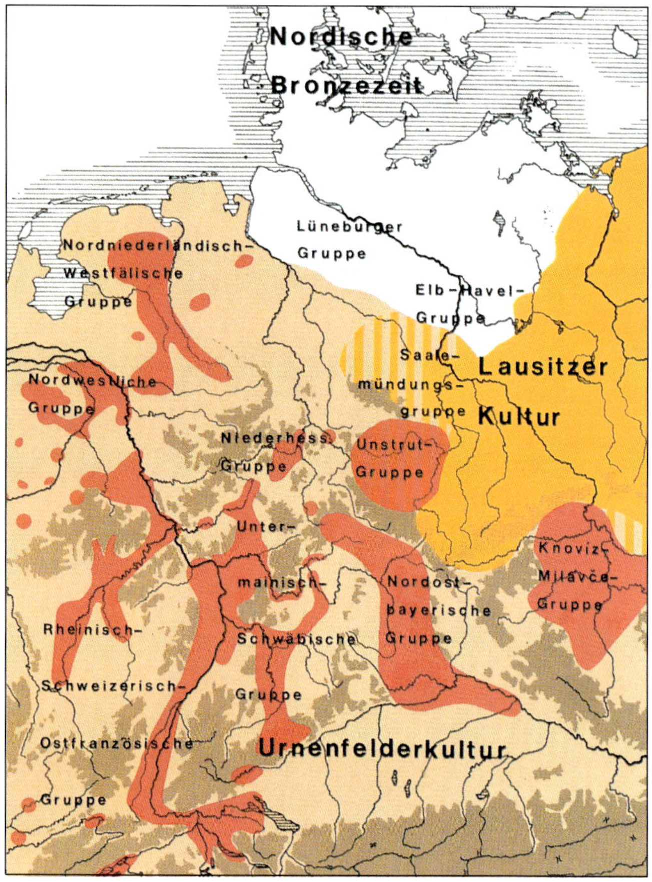


8 **Verbreitungskarte jungbronzezeitlicher Kulturgruppen in Deutschland. – Nach G. Weber.**

sind zwar über große Distanzen von recht einheitlichem Charakter, es gibt aber auch, vor allem beim Schmuck und bei der Tonware, regionale Gruppen. In Süddeutschland werden im Voralpenland die Südbayerische Gruppe, in Ostbayern die Fränkisch-Oberpfälzische Gruppe (mit starken Anklängen an die böhmischen Gruppen), westlich davon bis zum Rhein die Untermainisch-Schwäbische Gruppe, links von Ober- und Mittelrhein sowie an Mosel und Saar die Rheinisch-Schweizerisch-Ostfranzösische Gruppe unterschieden. Mittel- und Ostdeutschland werden in dieser Zeit von der sogenannten Lausitzer Kultur geprägt, die auch auf ihre Randgebiete (Thüringen, Harz, Brandenburg, Mecklenburg) einwirkte, wo sich besonders viele Kleingruppen herausbildeten (Saalemündungs-Gruppe, Unstrut-Gruppe, Helmsdorfer Gruppe, Elb-Havel-Gruppe usw.). Der kulturelle Umschwung erfaßte auch die Jungbronzezeit Norddeutschlands (Perioden IV und V) bis nach Westfalen.

Das Ende der Bronzezeit wird durch das allmähliche Aufkommen eines neuen Werkstoffes, des Eisens, eingeleitet. Nach ihm wird im Süden Deutschlands bereits der folgende Zeitabschnitt als ältere Eisenzeit benannt. Sie wird nach dem oberösterreichischen Salzort Hallstatt (Salzkammergut) auch als Hallstattzeit (Stufen Ha C und D) bezeichnet (ca. Ende des 8. Jh. bis ca. 500 v. Chr.). Unter ihren Einfluß gerieten die ausgehende Lausitzer Kultur Mittel- und Ostdeutschlands, wo als bedeutendste Gruppe die Billendorfer Kultur existierte, und die Schlußphase (Periode VI) der Nordischen Bronzezeit im norddeutschen Tiefland.

# Leben, Krankheit und Tod – Skelettfunde als Spiegel der Lebensbedingungen

VON MICHAEL SCHULTZ

Die Untersuchung archäologischer Skelettfunde mit naturwissenschaftlich-medizinischen Methoden trägt zu einer Rekonstruktion der Lebensbedingungen vergangener Zeiten bei, die u. a. auch für die Entstehung von Krankheiten von Bedeutung sind. Dabei spielen Ernährung, Wohn- und Arbeitsverhältnisse, Hygiene und sanitäre Einrichtungen sowie klimatische und geographische Gegebenheiten eine Rolle. Die Kenntnis bestimmter Krankheiten etwa einer bronzezeitlichen Bevölkerung ermöglicht somit umgekehrt auch Rückschlüsse auf damalige Lebensbedingungen.

### Zum äußeren Erscheinungsbild des bronzezeitlichen Menschen

Die Menschen der Bronzezeit gehörten – ebenso wie die der Gegenwart – verschiedenen morphologischen Typen an. Untersuchungen von Skelettserien aus dem heutigen Niederösterreich zeigen, daß die früh- bis mittelbronzezeitliche Bevölkerung dort in der Regel eher hochwüchsig war. Die Männer aus den Gräberfeldern von Gemeinlebarn, Franzhausen und Pitten erreichten durchschnittliche Körperhöhen zwischen 169,5 und 170,4 cm, die mittlere Körperhöhe der Frauen war etwa 10 cm geringer.

### Schädeldachverletzungen und operative Eingriffe

Bei vielen bronzezeitlichen Populationen in Europa wurden operative Schädeleröffnungen, die als Trepanationen bezeichnet werden, nachgewiesen. Bei über 90 Prozent der Fälle dürfte es sich um gezielte Eingriffe gehandelt haben, denen zumeist ein traumatisches Geschehen – beispielsweise eine Schädeldachverletzung – vorausging. Die Überlebenschance bei einem derartigen Eingriff war – angesichts der damaligen Möglichkeiten – mit etwa 50 Prozent erstaunlich hoch. Die Beschaffenheit der Ränder von Trepanationsöffnungen läßt erkennen, daß unterschiedliche Verfahren angewandt wurden. So wurde zum Beispiel mit einem speziellen Feuersteinwerkzeug – nach Entfernung der Kopfschwarte durch Zurückklappen der entsprechenden Hautlappen – das Schädeldach bis zur darunter gelegenen harten Hirnhaut aufgeschabt. Diese Schabetechnik dürfte für den Patienten die schonendste gewesen sein. Eine andere Mög-

**9 Entzündlich veränderte Trepanationsöffnung im linken Scheitelbein eines drei- bis fünfjährigen Kindes aus Grab 325 des frühbronzezeitlichen Gräberfeldes I von Franzhausen (Niederösterreich). Unmittelbar am rechten Unterrand der Operationswunde befindet sich ein kleiner kreisförmiger Abschnitt, der auf einen irrtümlichen Schnitt des Operateurs zurückzuführen ist.**

lichkeit bestand im Aufsägen bzw. -schneiden des Schädeldaches mit einem Klingengerät. Die zuerst genannte Methode läßt sich bei einem etwa drei- bis fünfjährigen Kind aus dem frühbronzezeitlichen Gräberfeld von Franzhausen I nachweisen, bei dem zu Lebzeiten eine Trepanation vorgenommen wurde (Abb. 9). Der Schädel zeigt auf dem linken Scheitelbein eine rundliche Einsenkung von etwa 26 bzw. 31 mm Durchmesser, die im Zuge einer Schabetrepanation entstand. Das eigentliche Loch, das das Schädeldach durchbricht, ist deutlich kleiner (etwa 12 mm Durchmesser). Der flach eingesenkte ehemalige Wundrand weist – besonders in seiner vorderen Hälfte – eine entzündlich veränderte Struktur auf, die offenbar auf eine Wundinfektion zurückzuführen ist. Etwa 5 mm hinter der äußeren Kontur des Wundrandes ist ein kleines kreisrundes, etwa 4 mm im Durchmesser messendes Stück von der Oberfläche des Schädeldaches sehr flach, d. h. tangential, abgeschnitten worden. Offenbar hat der Operateur – wahrscheinlich beim Anschaben des Knochens oder auch beim Abheben der Kopfschwarte – eine kleine Scheibe der Schädeldachoberfläche unbeabsichtigt abgetrennt. In der Regel unterläuft einem geübten Operateur ein solcher Fehler nur, wenn sich der Patient während des Eingriffes in unvorhergesehener Weise heftig bewegt. Dies könnte darauf hindeuten, daß das Kind während der Operation nicht oder nicht ausreichend betäubt war. Es hat aufgrund der bereits erwähnten Wundinfektion den operativen Eingriff nur kurze Zeit überlebt.

## Folgen gefährlicher Kinderspiele

Daß Kinder schon in frühester Jugend mit Waffen spielten bzw. übten, kann an mehreren Befunden aus frühbronzezeitlichen Gräbern belegt werden. So weisen zwei Kinder aus dem Gräberfeld I von Franzhausen in Niederösterreich jeweils im Scheitelbein einen kleinen Lochdefekt etwa in der Größe eines Bleistiftdurchmessers auf, der in seinem Randbereich auf der Schädeldachaußenfläche keine Spuren eines krankhaften Prozesses erkennen läßt (Abb. 10). Auf der Innenfläche sind hingegen im Bereich des Loches deutliche Spuren eines verkalkten Blutergusses und einer ausgeprägten Hirnhautreizung zu beobachten. Diese Veränderungen dürften auf Verletzungen mit hölzernen Spielzeugpfeilen zurückzuführen sein, die das knöcherne Schädeldach nur geringgradig durchschlagen hatten. An einem der Schädel ist auf der Innenseite auch eine rinnenförmige Einziehung zu erkennen, die als verheilter Schußkanal interpretiert werden kann. Beide Kinder, die nur etwa drei bis fünf Jahre alt wurden, verstarben nach einer längeren Krankheitsphase, wohl aufgrund einer entzündlichen, mit Blutungen einhergehenden Hirnhauterkrankung, deren Ursache der Lochdefekt gewesen sein dürfte. Möglicherweise handelte es sich bei der zuvor beschriebenen Schädeldachtrepanation primär um eine ähnliche Verletzung, die sekundär – allerdings erfolglos – operativ angegangen wurde. Die verletzten Kinder waren alle im Alter zwischen drei und sechs Jahren verstorben, so daß als Schützen vielleicht eher ältere Kinder in Betracht kommen, die auf die jüngeren und somit relativ wehrlosen Spielkameraden geschossen haben.

**10 Innenansicht des Lochdefektes im linken Scheitelbein eines vier- bis fünfjährigen Kindes aus Grab 268 des frühbronzezeitlichen Gräberfeldes I von Franzhausen (Niederösterreich). Verkalkte Spuren einer mit Blutungen einhergehenden Hirnhautreaktion nach einer Verletzung, vermutlich durch einen Spielzeugpfeil.**

## Krankheitshäufigkeit und Sterbehäufigkeit als Gradmesser bronzezeitlicher Lebensbedingungen

Die Ernährung hat in der Vorzeit eine wichtigere Rolle im Leben des Menschen gespielt als in unserer Zeit. Mangelhafte Ernährung im Säuglings- und Kleinkindalter, vor allem aber die Umstellung von der Muttermilch über eine Breifütterung auf die Nahrung der Erwachsenen dürfte Unverträglichkeitsreaktionen bedingt haben, die nicht selten zum Tode führten und die hohe Sterblichkeit der Kinder in dieser Lebensphase erklären. So verstarben in der frühbronzezeitlichen Population von Jelšovce (Slowakei) bis zum Ende des zweiten Lebensjahres etwa 15 Prozent der Kinder. Auch bei der Bestimmung der Krankheitshäufigkeiten lassen sich interessante Beobachtungen machen. In Jelšovce betrug die Häufigkeit der für das Kindesalter nachweisbaren Mangelkrankheiten insgesamt etwa 45 Prozent. An Blutarmut (Anämie) erkrankten fast 40 Prozent, an chronischem Vitamin-C-Mangel (Skorbut) fast 20 Prozent und an chronischem Vitamin-D-Mangel (Rachitis) etwa 8 Prozent (Abb. 11. 12). Die Summe der Prozentsätze von knapp 68 zeigt, daß zahlreiche Kinder an mehreren Krankheiten gelitten haben müssen. Dies ergibt ein charakteristisches Bild für die damalige Ernährungssituation. Eine mangelhafte Ernährung fördert außerdem natürlich auch das Auftreten von Infektionskrankheiten. Krankheitsstand und Sterblichkeit sind teilweise voneinander abhängige Größen, die das Leben der Menschen in der Vorzeit besonders im Kindesalter beeinflußt haben.

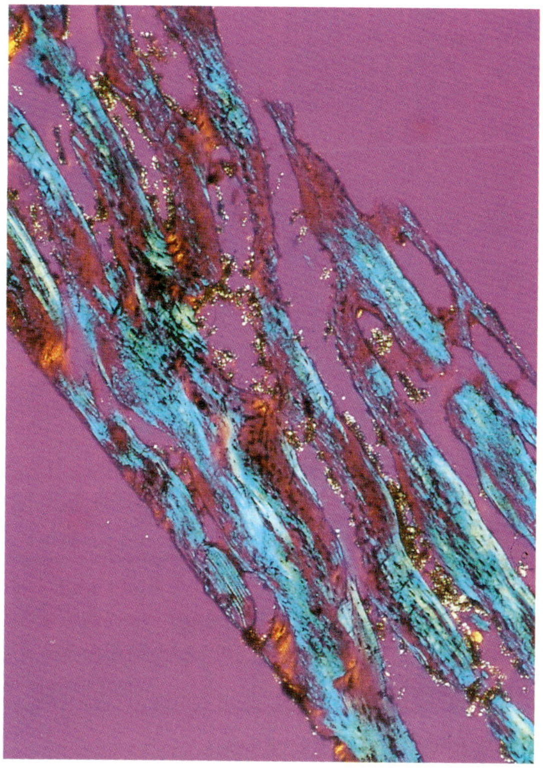

**11 Knochendünnschliff aus dem Schädeldach eines vier bis sechs Monate alten Kindes mit rachitischen Veränderungen. Betrachtung mit dem Mikroskop im polarisierten Durchlicht unter Benutzung eines Hilfsobjekts Rot 1. Ordnung (Quarz). Vergrößerung etwa 120fach.**

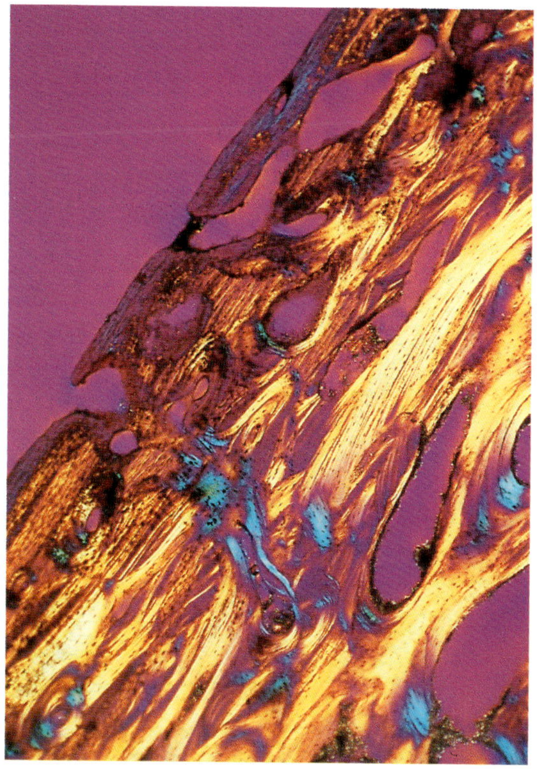

**12 Knochendünnschliff aus dem Schädeldach eines elf- bis zwölfjährigen Kindes mit Spuren einer chronischen Blutarmut (Anämie) und eines chronischen Vitamin-C-Mangels (Skorbut). Betrachtung mit dem Mikroskop im polarisierten Durchlicht unter Benutzung eines Hilfsobjekts Rot 1. Ordnung (Quarz). Vergrößerung etwa 75fach.**

# Herd, Haus und Hof – Siedlungswesen

VON ALBRECHT JOCKENHÖVEL

Gegenüber den reichen Grab- und Hortfunden der Bronzezeit stand die Erforschung der Siedlungen zurück, wenngleich mit der Ausgrabung des Dorfes bei Berlin-Buch zu Beginn des 20. Jahrhunderts und der »Wasserburg« bei Bad Buchau in den zwanziger und dreißiger Jahren frühzeitig internationale Marksteine gesetzt wurden. Erst in den letzten Jahren wurden, begünstigt durch die Luftbild-Prospektion, zahlreiche Siedlungen entdeckt und teilweise ausgegraben. Trotzdem läßt sich noch kein zusammenhängendes Bild der Siedlungsgeschichte schreiben, nur Grundzüge sind einstweilen erkennbar.

In der Bronzezeit wurden die aus der Jungsteinzeit überkommenen Siedlungsgewohnheiten fortgeführt. Dies gilt vor allem für die Topographie der überwiegend landwirtschaftlich ausgerichteten Siedlungen. Sie lagen zumeist in der Nähe fruchtbarer Böden, gerne in hochwasserfreiem Gelände im Flachland, an Hängen oder auf Hügeln, so daß sie einerseits Zugang zu den Talauen, andererseits zu rückwärts gelegenen Wirtschaftsflächen hatten. Die Nähe zum Wasser war dabei ausschlaggebend. Einige Siedlungen sicherten sich ihre Wasserversorgung durch den Bau von Brunnen (Abb. 67). Aufgrund ihrer Bauweise aus Holz und Lehm waren die Häuser nie von langer Dauer, aber auch die Siedlungen selbst existierten an einem Ort wohl nie länger als drei bis fünf Generationen. Offenbar zog man weiter, wenn der Boden für den Anbau von Kulturpflanzen erschöpft war. Sonderentwicklungen sind der Burgenbau und die »Pfahlbauten«. Bei den Siedlungsformen können wir zwei Stränge unterscheiden. Für die gesamte Dauer der Bronzezeit waren typisch offene Niederlassungen unterschiedlicher Größe: Es gab Einzelhöfe, weilerartige Siedlungen und regelrechte Dörfer mit bis zu 20–30 Häusern. Die Größe war sicherlich abhängig von der sozialen Organisation und der Funktion der Siedlung. Neben diesen offenen, d. h. nicht befestigten Siedlungen bestanden in bestimmten Zeitabschnitten der Bronzezeit in einigen Regionen Deutschlands, vor allem in Süd-, West- und Mitteldeutschland, befestigte Siedlungen, die sogenannten Burgen. Die offenen Siedlungen bildeten zumeist mit ihnen einen Siedlungsverbund.

Die archäologischen Hinterlassenschaften aus den Siedlungen und gewisse Baubefunde geben zugleich Aufschluß über die Siedlungsdauer und -funktionen. Dauernd bewohnte Siedlungen weisen eine festere Architektur wie Pfostenständerbauten und Steinfundamente, Reparaturen und Umbauten auf. Die Wasserversorgung wurde gelegentlich durch den Bau von Brunnen und Zisternen gesichert. In Gruben oder Speichern wurde Getreide bevorratet. In diesen Siedlungen wurden vielfach Mahlsteine und Tierknochen gefunden, beides Hinweise auf die Nahrungsverarbeitung. An haus- und handwerklichen Tätigkeiten wurden die Töpferei, Knochen- und Steinverarbeitung sowie in gewissem Maße auch eine auf den bäuerlichen Betrieb ausgerichtete Metallurgie betrieben. Derartige Merkmale fehlen zumeist in den kurzfristig genutzten Siedlungen.

Aus der Frühbronzezeit liegen aus den deutschen Landschaften nur wenige Befunde zum Siedlungswesen vor. Dabei kann die unlängst entdeckte Siedlung bei Ingolstadt-Zuchering (Oberbayern) die »dörfliche« Grundstruktur vermitteln (Abb. 13): Fünf trapezförmige Häuser, von deren Pfostenstellungen nur noch die Fundamentgräbchen erhalten waren, verteilen sich auf ca. 2 ha Fläche; sie sind gleichförmig (Nord-Süd) ausgerichtet. Die Hausgröße schwankt um 20–25 m Länge und 6–10 m Breite, die Grundfläche der Häuser beträgt somit ca. 120–250 m². Im Innern waren Vorratsgefäße in den Boden eingelassen. Kleinere Häuser sind als Vier- und Sechsständerbauten diesen Großhäusern zugeordnet. Sie werden als separate Speicher gedient haben. Dabei ist nach wie vor – und dies gilt für die gesamte Bronzezeit Süd-, West- und Mitteldeutschlands – unklar, wo das Vieh aufgestallt wurde, sei es auch nur im Winter.

Bisher sind nur wenige Siedlungen aus der Mittelbronzezeit bekannt. Lange Zeit war man der Auffassung, daß es wegen der angeblich vorherrschenden Wirtschaftsweise dieser Zeit, der Weidewirtschaft (Abb. 96), kaum ortsfeste Siedlungen gab. Heute weiß man aber, daß in der Mittelbronzezeit die Siedlungen in fast allen Landschaftsbereichen lagen, ja daß gerade diese Zeit sich durch eine »binnenkolonisatorische« Siedlungsausweitung auszeichnet: Neben den fruchtbaren Niederungslagen bzw. der Besiedlung von fruchtbaren Lößböden wurden auch höher gelegene und gebirgige Lagen aufgesucht. So wurden gerade in der Mittelbronzezeit die Alpen weitgehend aufgesiedelt und vielleicht in einem der historischen Almwirtschaft vergleichbaren System bewirtschaftet.

In der Jungbronzezeit scheinen sich vielerorts die Siedlungen wieder auf die fruchtbaren Böden zu konzentrieren. Der enorme Fundanfall bezeugt eine sehr dichte Durchsiedlung der Landschaft. Plangrabungen von einigen größeren Siedlungen dieser Zeit vermitteln einen Eindruck von der räumlichen Struktur. Die bis zu 10–20 ha umfassende Fläche wurde locker bebaut. Die Häuser waren zumeist Nord-Süd ausgerichtet. Freiräume waren vielleicht Plätze innerhalb des Dorfes.

Aus den Pfostenstellungen lassen sich rechteckige, ebenerdige, überwiegend ein- und

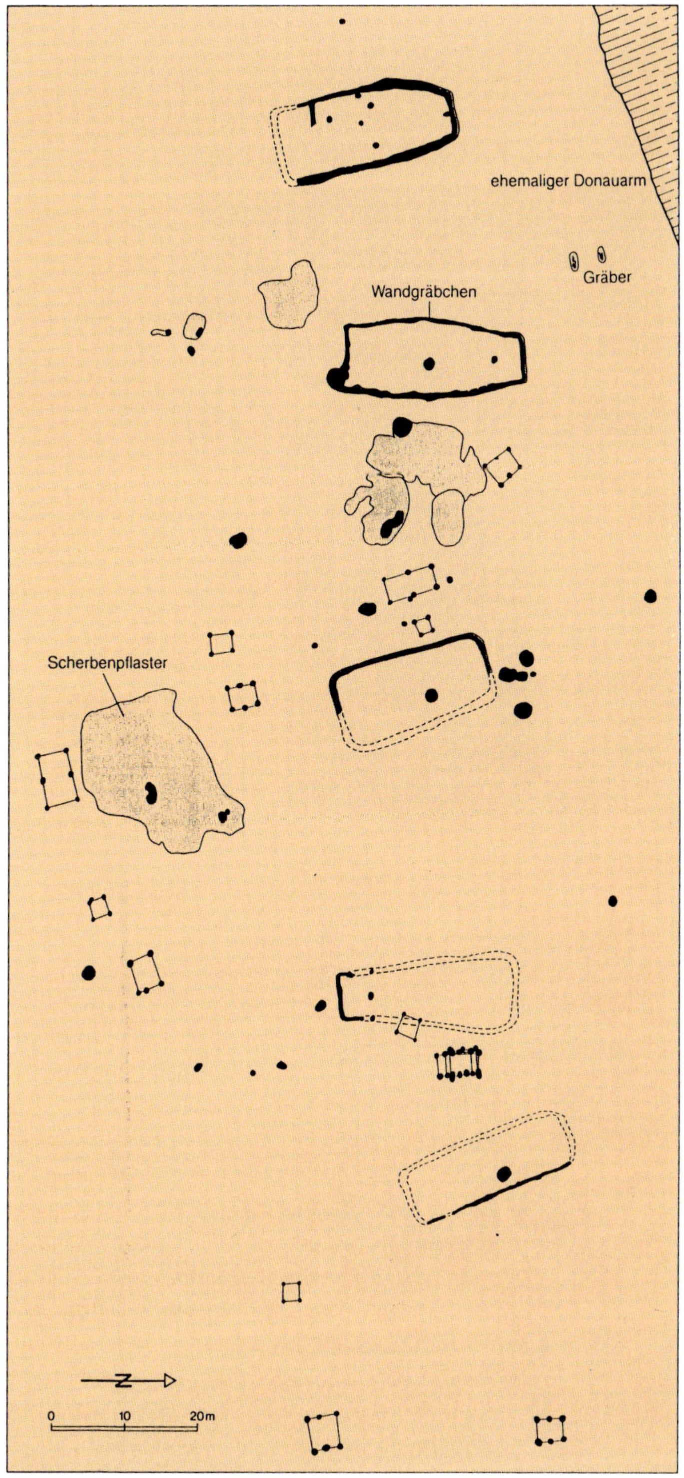


**13 Grundriß der frühbronzezeitlichen Siedlung von Ingolstadt-Zuchering (Oberbayern). Etwa 1. Hälfte des 2. Jt. v. Chr. – Nach K. H. Rieder.**

**14 Ausschnitt aus einem Modell der jungbronzezeitlichen Siedlung bei Zedau in der Altmark (Sachsen-Anhalt). Etwa 10.–8. Jh. v. Chr. Das Wohngebäude in der Mitte wird seitlich von Grubenhäusern begleitet. – Nach F. Horst.**

zwei-, manchmal auch dreischiffige Pfostenständerbauten rekonstruieren, deren Wände meist aus Flechtwerk bestanden, das innen und außen mit Lehm verdichtet wurde (Abb. 14). Weit verbreitet, wenn auch nur selten erhalten, war wohl eine Bemalung des Innenputzes – an Farben sind weiß und rot belegt – und/oder eine plastische Profilierung. Da die Lauffläche des Hauses zumeist der Erosion zum Opfer gefallen ist, lassen sich im Innern des Hauses Herde oder Öfen nur selten nachweisen. Jedoch kommen solche auch außerhalb der Häuser vor, wo sie vielleicht von mehreren Familien gemeinsam genutzt wurden. Die in der Jungbronzezeit Süddeutschlands sehr zahlreich vorkommenden tönernen, oft halbmondförmig ausgestalteten »Feuerböcke« gehörten wohl zum Herdinventar. In Blockbautechnik errichtete Häuser sind nur selten nachgewiesen, waren aber vielleicht auch außerhalb der alpinen Zone ehemals geläufiger. Reine Steinhäuser sind unbekannt, es gibt lediglich hin und wieder Steinfundamente, auf denen die Holzwände errichtet wurden. Nicht auszuschließen sind auch Häuser aus Rasensoden, die jedoch ganz schwer nachzuweisen und eher als Provisorien zu betrachten sind. Eigentlich wissen wir wenig über die Inneneinrichtung solcher Häuser, geschweige von der Raumnutzung im einzelnen: wo lagen die Schlafstätten der Familie, gab es gesonderte Arbeitsräume usw.?

Kleinere Vier- oder Sechspfostenständerbauten werden als Pfahlspeicher für Getreide und andere landwirtschaftliche Produkte angesprochen. Vermutlich lag der Lagerboden weit über der Erdoberfläche, damit Tiere die Vorräte nicht erreichen konnten. Das Siedlungsgelände war zumeist übersät von vielen Gruben unterschiedlicher Größe und Form. In ihnen wurde Getreide unterirdisch gelagert; manche dienten als Gerbergruben, aus anderen wurde Lehm bzw. Ton zur Keramikherstellung entnommen. Je nach Notwendigkeit waren diese Gruben mit einem Schutzdach versehen. In Grubenhäusern wurden Webstühle aufgestellt (z. B. in Wallwitz, Sachsen-Anhalt). Die meisten der bäuerlich ausgerichteten Siedlungen waren ohne einen besonderen Schutz. Nur bei einigen konnten Palisaden und/oder Strauchwerk festgestellt werden, die wohl einerseits Tiere von der Siedlung fern bzw. andererseits Tiere in der Siedlung halten sollten (z.B. Berlin-Lichterfelde).

In Südbayern tauchte gegen Ende der Bronzezeit eine besondere Siedlungsform auf. In einem rechteckigen Palisaden- und Grabensystem lag geschützt ein Einzelgehöft. Es handelt sich um die Vorläufer einer in der folgenden Eisenzeit beliebten Siedlungsform, die als »Herrenhof« bezeichnet wird.

Von diesen, vor allem in Ost-, Mittel- und Süddeutschland verbreiteten Siedlungsformen unterscheiden sich die im norddeutschen Tiefland einschließlich seiner Küstenzonen gelegenen Siedlungen, die ihre besten Vergleiche in Südskandinavien und den Niederlanden finden. Ein Kennzeichen dieser Zone ist, daß bisher noch keine befestigten Siedlungen bekannt wurden; der einzige Schutz bestand in schlichten Zaunanlagen. Ein anderes Kennzeichen ist die weite Verbreitung von zumeist dreischiffigen Wohnstallhäusern, in denen Mensch und Vieh ständig unter einem Dach zusammenlebten. Dabei ist der im Nordwesten des Hauses gelegene Wohnteil relativ klein. In ihm liegt der Herd. Daran schließt sich je nach Besitzstand der Bewohner ein längerer Stallteil an. Seine Boxenwände sind quer eingezogen. Der Stall konnte bis zu zwei Dutzend Stück Rindvieh aufnehmen. Die Jauche floß in Rillen ab. Das Haus war durch einen achsbreiten Eingang in der Mitte der Längsseiten zugänglich.

An den Küsten hatten die Menschen ständig mit den Unbilden des Meeres zu tun. Sie waren abhängig von langsamen und plötzlichen Meeresspiegelanstiegen, dem Rückzug des Meeres und den Gezeiten. Deshalb legten sie gerne ihre Siedlungen auf Strandwällen und Flußterrassen an. Sowohl die Geest- als auch die Marschlandschaften waren in der ausgehenden Bronzezeit besiedelt. Es handelt sich zunächst um nur kleinere, eine Hofstätte oder wenige Häuser umfassende Siedlungen, größere Anlagen gab es erst in der Eisenzeit.

Für das nordwestdeutsche Gebiet kann als typische Siedlungsform der Einzelhof gelten, der aus einem Wohnstallhaus mit zugehörigen Kleingebäuden bestand. In seiner unmittelbaren Nachbarschaft lagen die Ackerflur und das Gräberfeld.

Zusammenfassend können wir sagen, daß die Einwohnerzahl dieser bäuerlichen Siedlungen, die wohl bis auf die Rohstoffversorgung weitgehend autark wirtschafteten, in der Regel nie mehr als höchstens 50–80 Personen betrug, also eine Siedlung wohl nur aus ca. fünf bis acht Familien bestand. Den Häusern war durchweg kein langes Leben beschieden, von der ständigen Brandgefahr ganz abgesehen. Die Siedlungen selbst bestanden kaum mehr als drei bis vier Generationen.

# Schutz und Repräsentation: Burgenbau – Eine Neuerung im Siedlungswesen

VON ALBRECHT JOCKENHÖVEL

Eine der wichtigsten Neuerungen der Bronzezeit stellt das Aufkommen und zugleich die Verfeinerung des Befestigungswesens, des Burgenbaues, dar. Gab es in der vorangehenden Jungsteinzeit nur kleinere, kaum aufwendig befestigte »Erdwerke«, tauchen nun erstmalig stark befestigte Siedlungen auf, deren Bedeutung besonders in ihrem Kontrast zu den normalen bäuerlichen Siedlungen liegt. Im Gegensatz zu deren durchgängigem Vorkommen ist der bronzezeitliche Burgenbau auf bestimmte Zeitabschnitte innerhalb der Bronzezeit Deutschlands beschränkt. Die Gründe hierfür sind wohl am ehesten in den ökologischen Rahmenbedingungen zu suchen, denn der Burgenbau erforderte zunächst eine stabile Lebensgrundlage. Im Gegensatz zur älteren Forschung, die hinter den Befestigungen strategische Maßnahmen im Zuge der Abwehr überregionaler Gefahren vermutete, geht die heutige Forschung mehr von internen Entwicklungen innerhalb größerer und kleinerer Siedlungsgemeinschaften aus, die den jeweiligen Burgenbau begünstigten. Bei guten Grabungen ist öfters zu beobachten, daß den Burgen eine unbefestigte Siedlung vorausging. Man kann grundsätzlich Schutzbedürfnisse und Aggressionen nicht ausschließen, obwohl die großen Anlagen kaum effektiv zu verteidigen waren, da sie eine große Zahl von Verteidigern erforderten. Vielfach gingen Burgen in Flammen auf, andere wurden friedlich verlassen. Die befestigten Siedlungen dienten dem Schutz größerer und kleinerer Siedlungskammern, als deren Wirtschafts-, Macht- und Kultzentren sie anzusehen sind. Gleichwohl erfaßte der bronzezeitliche Burgenbau nicht alle Landschaften Deutschlands. Bisher konnten noch keine Burgen im Nordischen Kreis der Bronzezeit festgestellt werden. Kulturell beschränkte er sich in der Frühbronzezeit auf die von der mittleren Donau beeinflußten Gebiete. Dort war er besonders in der Mad'arovce/Věteřov-Kultur beheimatet. Diese dynamische Gruppe wirkte auf die Spätphase der Frühbronzezeit Süd- und Mitteldeutschlands. Jüngste Forschungen konnten zahlreiche befestigte Anlagen der späten Aunjetitzer Kultur in Sachsen, Sachsen-Anhalt und Thüringen feststellen (z. B. Schloßberg von Mutzschen [Sachsen]; Rudelsburg bei Bad Kösen [Sachsen-Anhalt]). Sie liegen auf kleinen Bergkuppen und Spornen und sind im Gegensatz zu den späteren Burgen von durchweg geringer Größe (0,4–2,8 ha).

In der Mittelbronzezeit ging der Burgenbau in Deutschland wie auch im übrigen Zentraleuropa fast ganz zurück. Er setzte erst wieder zu Beginn der Jungbronzezeit ein, in der er besonders in Süddeutschland und im Gebiet der Lausitzer Kultur Mittel- und Ostdeutschlands sehr entwickelt wurde. Es gibt weit über 100 dieser Anlagen, deren Befestigungen oft in späterer Zeit durch Überbauungen verwischt wurden (besonders in Süddeutschland [Abb. 15], während in Ostdeutschland nur noch die slawischen Burgen solche der Bronzezeit überlagern). Die Burgen sind nicht alle zur gleichen Zeit errichtet worden. Die meisten Burgen im östlichen Süddeutschland gehören der Früh- und Mittelphase, solche im westlichen Süddeutschland fast ausschließlich der Spätphase der Urnenfelderzeit an, während die Burgen der Lausitzer Kultur viel-

15 Die »Ehrenbürg« (Oberfranken) lieferte zahlreiche Funde aus der gesamten Jungbronzezeit. Ihre auch auf dem Luftbild sichtbaren Befestigungen sind zwar eisenzeitlich, bronzezeitliche Vorgängerbauten sind jedoch zu vermuten. Diese Höhensiedlung übte eine Mittelpunktfunktion für die umgebende Landschaft aus.

fach noch in die ältere Eisenzeit hineinreichen bzw. erst in dieser Zeit neu gegründet wurden. Die urnenfelderzeitlichen Burgen waren schon früh Ziel von planmäßigen Grabungen (z. B. Bleibeskopf und Glauberg [beide in Hessen], Hesselberg [Mittelfranken], Dresden-Coschütz [Sachsen]). Jüngste Forschungen (z. B. Bullenheimer Berg [auf der Grenze zwischen Mittel- und Unterfranken], Heunischenburg bei Kronach [Oberfranken]) tragen wesentliche Aspekte zur Funktion bei. Bei vielen Anlagen ist das Vorhandensein einer Befestigung nur zu vermuten. In solchen Fällen gibt es noch andere Kriterien wie Lage, Merkmale der Mauerführung, der Toreingänge, aber auch Qualität und Quantität des Fundspektrums, die eine Datierung in die Jungbronzezeit ermöglichen.

Die Burgen lagen zumeist an bevorzugten und natürlich geschützten Stellen im Gelände, so in den süddeutschen Hügel- und Mittelgebirgslandschaften auf Kuppen, hochplateauartigen Tafelbergen oder auf von Flußschlingen umgebenen Geländespornen, in Ostdeutschland zusätzlich auf sandigen Kuppen inmitten von Sümpfen. Die Kuppen und Gipfel sind mit geschlossenen Ringwällen, die Geländesporne mit abriegelnden Abschnittswällen bewehrt. Meist passen sich die Wallanlagen den natürlichen Voraussetzungen an. Die Größe der Befestigungen schwankt zwischen ca. 0,5 ha und über 30 ha mit Differenzierungen, wobei die kleineren Kuppen 1–5,5 ha, die Abschnittsbefestigungen ca. 2–6 ha, die mehrteiligen Systeme ca. 10–17 ha und die Tafelberge ca. 20–30 ha, in Ausnahmefällen bis über 100 ha Flächeninhalt aufweisen.

Die heute sichtbaren Wälle sind eigentlich in sich zusammengestürzte Mauern. Ihre Konstruktion ist sehr variantenreich und örtlich, abhängig vom jeweils vorhandenen Baumaterial, verschieden. Die Mauern wurden aus einer Kombination von Stein, Stein/Erde, Holz/Erde und Holz/Stein/Erde errichtet (Abb. 16). So gibt es reine Steinmauern, stets aus Trockenwerk, d. h. ohne Mörtel ausgeführt, Steinfronten mit senkrecht oder waagerecht verlegten Hölzern, die im Innern eine Art Kasten bilden, der mit Erde und kleineren Steinen aufgefüllt wurde, u. a. Die Wehrgänge waren von innen vermutlich durch eine Art Rampe zugänglich. Vor den Mauern lag öfters ein Graben. Die wenigen Zugänge, die Tore, waren einfache Durchlässe, wobei die Torwangen leicht gegeneinander verschoben sein konnten. Bemerkenswert ist die starke Torbefestigung der Heunischenburg bei Kronach (Abb. 17), die auch durch ihre vielen Waffenfunde wie ein Militärstützpunkt wirkt. Bis auf die Heinrichsburg an der Rauhen Furt unterhalb von Meißen, wo ein in die Befestigung einbezogener »Damm« Wasser aufstaute, mußte frisches Wasser zumeist von außerhalb bezogen werden. Geläufig war sicherlich eine Bevorratung von Wasser in großen Gefäßen innerhalb der Anlagen.

Teilweise mächtige Kulturschichten, ein meist umfangreiches Fundspektrum von Tonwaren und Metallgegenständen, Erneuerungen an den Mauern sowie bauliche Anlagen im geschützten Innenbereich bezeugen eine ständige Besiedlung der meisten Burgen, wobei unbebautes Gelände im Innern der Anlagen sicherlich auch Zusatzfunktionen hatte und z. B. als Weide für das Vieh gedient haben könnte.

Man vermutet, daß hinter der Planung und Anlage solcher Burgen eine größere Zahl von Ausführenden stand, die von einer Hand geleitet wurden. Die in den Gräbern feststellbare Oberschicht der Jungbronzezeit läßt sich aber nicht in ihren Wohnstätten innerhalb der Burgen nachweisen: Es gibt weder herausragende Wohnbauten noch einen abgesonderten Bereich (vergleichbar einer »Akropolis«). Nur wertvolle Funde oder Waffen deuten auf die Anwesenheit solcher Bevölkerungsgruppen inmitten der übrigen Bevölkerung hin.

Wie schon gesagt, stehen die meisten Burgen in einem Zusammenhang mit den sie umgebenden offenen Siedlungen, manche liegen jedoch auch abseits der besiedelten Landschaften, zumeist in einer besonderen verkehrsgeographischen Lage an alten Verkehrswegen, Pässen oder Furten. Daneben gibt es auch viele unbefestigte Höhensiedlungen, so daß sich insgesamt eine hierarchische Abfolge von den befestigten Siedlungen über die unbefestigte Höhensiedlung zu offenen

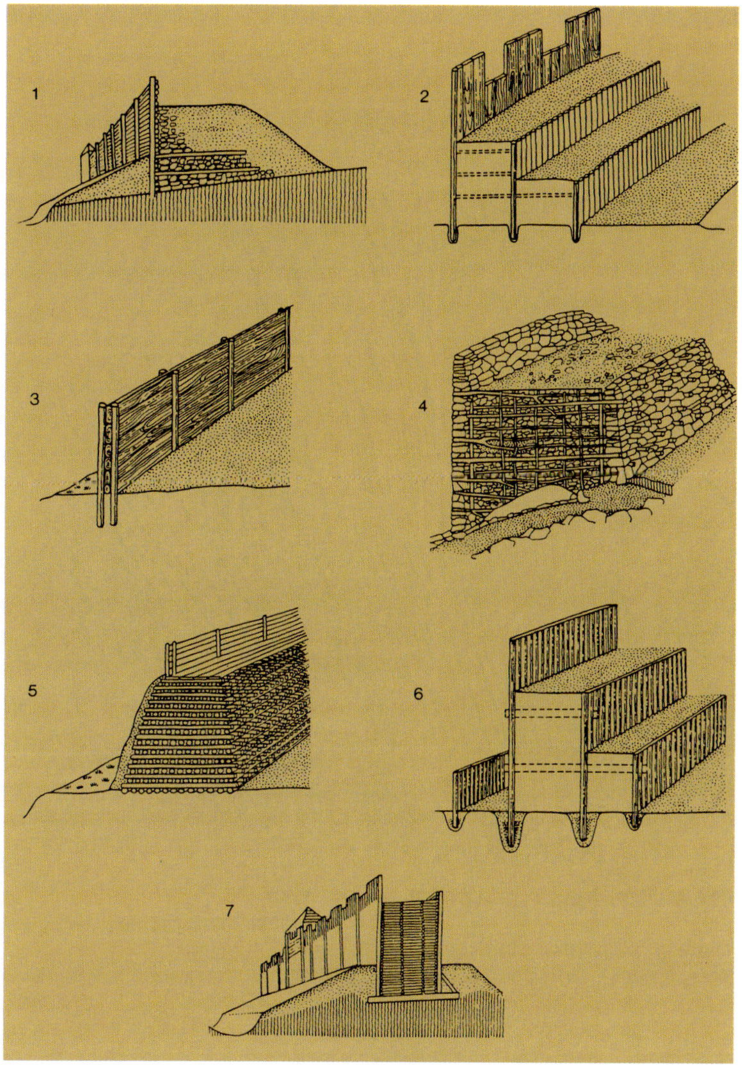


**16 Aufgrund systematischer Grabungen in sächsischen Befestigungsanlagen der jungbronzezeitlichen Lausitzer Kultur lassen sich die unterschiedlichen Bauformen der Mauern verdeutlichen:**
**1. 3 Plankenwand.**
**2. 6 Palisaden-Schalenbauweise.**
**4 Trockenmauer-Schalenbauweise.**
**5 Rostkonstruktion.**
**7 Holzkastenkonstruktion.**
**Nach J. Herrmann.**

Siedlungen ergibt. Die Burgen waren mit Sicherheit Mittelpunktsiedlungen, Vororte einer größeren Siedlungsgemeinschaft, die sie auch wirtschaftlich trug. Man schätzt die Einwohnerzahl solcher Burgen je nach ihrer Fläche auf bis zu 1000 Personen. Aus Lage und Abstand von befestigten Siedlungen in bestimmten, gut erforschten Regionen lassen sich Umfang und Fläche solcher »Territorien« bestimmen: etwa 50–150 km$^2$. Wenn wir noch bestimmte Funde und Fundüberlieferungen, z. B. die Depotfunde, heranziehen, die besonders die Burgen prägen (Abb. 61), können wir auch eine zusätzliche Funktion als Kultplätze annehmen.

In den offenen und befestigten Siedlungen wurde getöpfert und gewebt wie auch anderes Hauswerk ausgeübt. Das gehobenere Handwerk scheint sich jedoch vor allem in den Burgen konzentriert zu haben, besonders die Weiterverarbeitung im Metallhandwerk wie die Toreutik. So kann man annehmen, daß es in den Burgen spezialisierte Handwerker, die für die Oberschicht arbeiteten bzw. von ihr abhängig waren, gegeben hat. Auf beide Gruppen gehen wohl auch die stellenweise umfangreichen und wertvollen Anhäufungen von Metallansammlungen (Depotfunden) in den befestigten Siedlungen zurück (z. B. Dresden-Coschütz; Bullenheimer

**17 Die »Heunischenburg« bei Kronach-Gehülz (Oberfranken) wurde in den letzten Jahren systematisch erforscht. Das stark befestigte Tor wurde aufgrund der Ausgrabungsergebnisse detailgerecht rekonstruiert. Es vermittelt eine Vorstellung von dem Schutzbedürfnis der spätbronzezeitlichen Bevölkerung. Etwa 9./8. Jh. v. Chr.**

Berg [Abb. 61]; Bleibeskopf; Ehrenbürg), die zugleich Aufschluß geben über den Umfang örtlicher Wertbildung.

Als wichtigste jungbronzezeitliche Befestigungen Deutschlands sind in einer Auswahl zu nennen: Bogenberg bei Bogen (Niederbayern), Hesselberg bei Ehingen (Mittelfranken), Heunischenburg bei Gehülz (Oberfranken), Bullenheimer Berg bei Bullingen/Ippesheim (Mittel-/Unterfranken), Bleibeskopf bei Bad Homburg, Glauberg bei Büdingen (beide Hessen), Dommelberg oberhalb von Koblenz (Rheinland-Pfalz), Felsberg bei Pößneck-Öpitz (Thüringen), Bösenburg bei Eisleben (Sachsen-Anhalt), Goldkuppe/Heinrichsburg an der Rauhen Furt unterhalb von Meißen, Radisch bei Kleinsaubernitz, Heidenschanze bei Dresden-Coschütz, Schafberg bei Löbau, Eisenberg bei Pöhla (alle Sachsen), Kratzeburg bei Neustrelitz (Mecklenburg-Vorpommern), Römerschanze bei Potsdam (Brandenburg).

# Wohnen am See – Bronzezeitliche »Pfahlbauten«

VON ALBRECHT JOCKENHÖVEL

An den Ufern der oberschwäbischen Seen und am Bodensee herrschte in der Bronzezeit, in Fortsetzung steinzeitlichen Siedlungsverhaltens, ein reges Leben. In dieser Zeit erreichten die »Pfahlbauten« ihren baulichen Höhepunkt. Sie enden etwa gleichzeitig, wahrscheinlich im Zuge von plötzlichen Hochwässern, denn sowohl in der Schweiz als auch in Süddeutschland sind als letzte Jahrring-Daten die Jahre 850 bzw. 848 v. Chr. und in vielen Siedlungen selbst eine überdeckende Schwemmschicht belegt. Die alte Diskussion, ob diese Siedlungen auf Plattformen ständig über dem Wasserspiegel gelegen haben, wie es die weithin bekannten Rekonstruktionen von Unteruhldingen am Bodensee suggerieren, ist mittlerweile zugunsten von ufernahen, gelegentlich in die Feuchtzone geratenen Siedlungen entschieden. Länger anhaltende Hochwasserstände verhinderten eine durchgängige Besiedlung der Uferflächen, nur in Trockenzeiten war sie möglich. So existierten solche Siedlungen vor allem am Übergang von der Früh- zur Mittel-

**18 Der Federsee bei Bad Buchau (Oberschwaben) ist heute sehr stark verlandet. Früher dehnte er sich über eine größere Fläche aus. An seinen ehemaligen Ufern liegen die frühbronzezeitliche »Siedlung Forschner« (vgl. Abb. 19) und die jungbronzezeitliche »Wasserburg« Buchau.**

bronzezeit, während der älteren und mittleren sowie am Ausgang der Urnenfelderzeit.
Die bekanntesten Stationen sind am Bodensee die Siedlungen von Bodman, Hagnau und Unteruhldingen, am oberschwäbischen Federsee (Abb. 18) die »Siedlung Forschner« bei Bad Buchau (Abb. 19) und die altbekannte sogenannte Wasserburg Buchau.
Bei allen Unterschieden in den baulichen Details schält sich ein recht einheitlicher Siedlungstyp

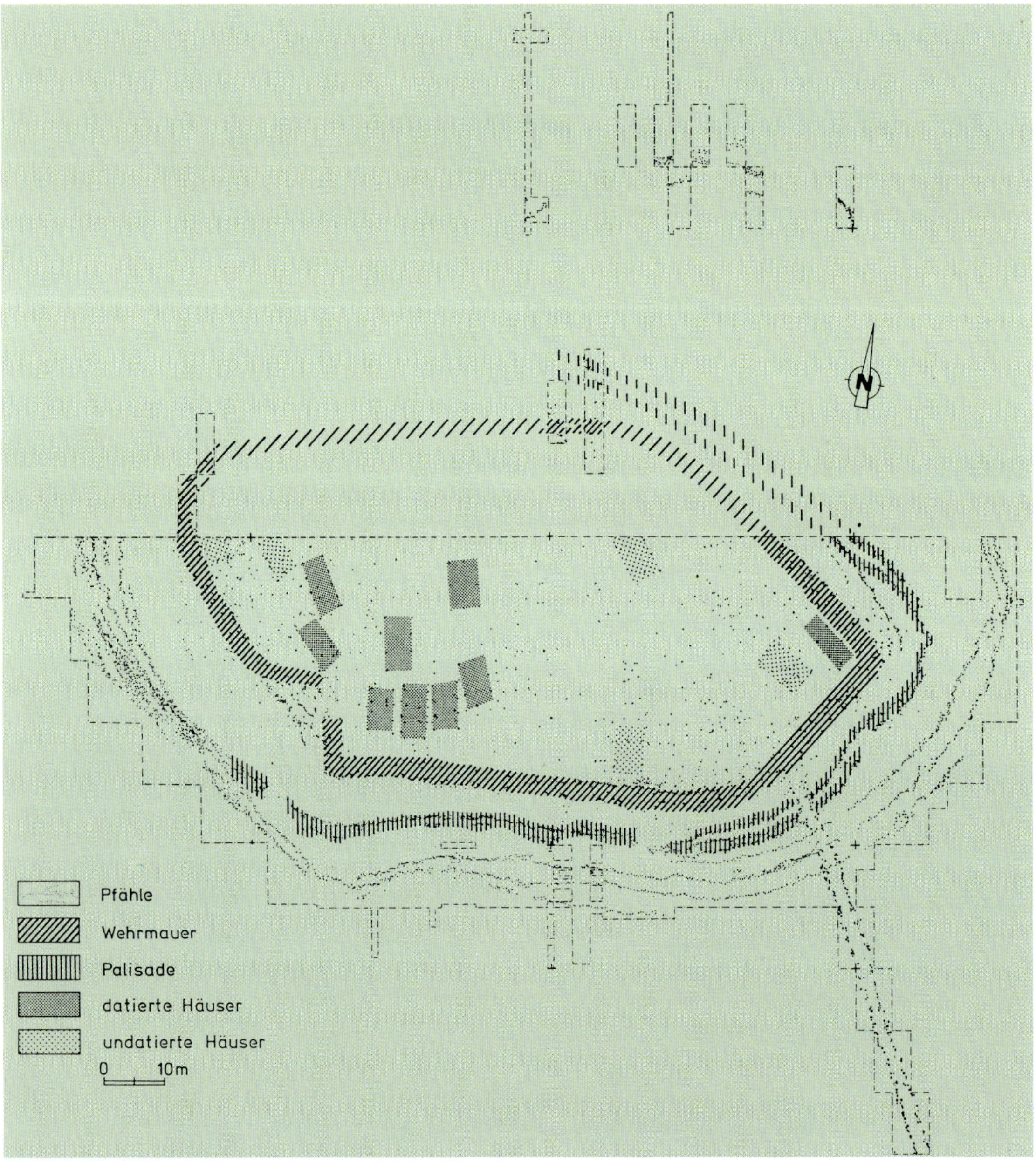


**19 Grundriß der frühbronzezeitlichen, nach ihrem Entdecker benannten »Siedlung Forschner« bei Bad Buchau am Federsee (Oberschwaben). Die mehrperiodige Siedlung war planmäßig angelegt. Sie wurde von Wellenbrechern und Palisaden umgrenzt. Zur jüngeren Siedlung führte ein brückenartiger Holzweg. Etwa 18.–15. Jh. v. Chr. – Nach W. Torke.**

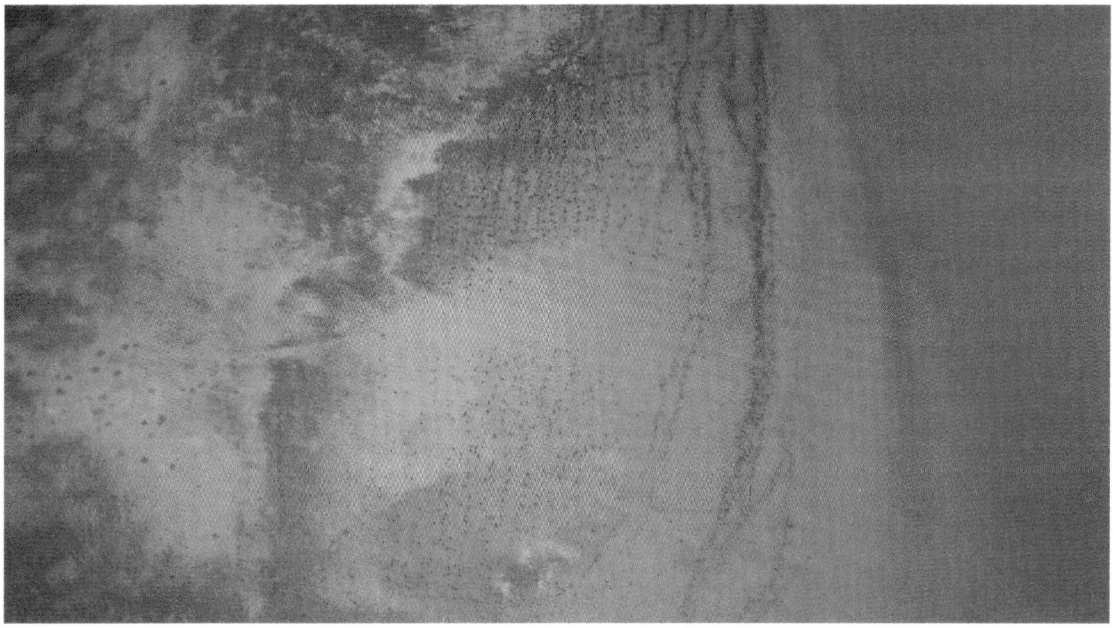

**20 Luftbild der jungbronzezeitlichen Feuchtbodensiedlung von Unteruhldingen-Stollenwiesen am Bodensee (Baden-Württemberg). Von der heute unter Wasser liegenden Siedlung sind aus der Luft zahllose Pfähle zu erkennen, deren scheinbare Unordnung sich bei näherem Hinsehen in ein geordnetes Siedlungsmuster auflöst. Etwa 9. Jh. v. Chr.**

heraus, der wohl durch seine besondere Lage bestimmt wurde und sich von den gleichzeitigen Burgen und offenen Landsiedlungen unterschied. Die Feuchtbodensiedlungen wurden offenbar in einem Zuge planmäßig errichtet. Kennzeichnend ist eine systematische Anlage der Siedlungen von zumeist kreisförmigem, ovalem oder rechteckigem Grundriß. Umgeben wurden sie von Wellenbrechern bzw. kräftigen Palisaden als Schutzbauten. Zugänglich war zum Beispiel die »Siedlung Forschner« über einen langen, brückenartigen Holzweg (Abb. 19). Im Innern der Siedlungen waren Hausreihen und Gassen parallel oder rechtwinklig zueinander angeordnet. Eine Art Ringstraße, die auf der Innenseite der Palisade verlief, schloß die Siedlung auf. Die bis zu dreischiffigen Häuser wurden auf Flecklingen oder Grundschwellen als Pfostenständer- oder Blockbauten errichtet. Ihre Innenfläche schwankte zwischen 10 und 50 $m^2$. Bis zu 85 Häuser umfaßte die unlängst erforschte Siedlung von Unteruhldingen-Stollenwiesen (Abb. 20). Nehmen wir pro Haus etwa 4–8 Bewohner an, ergäbe sich eine Einwohnerzahl von ca. 340–680 Personen. Es handelte sich also um regelrechte Dörfer.

Die Feuchtbodensiedlungen waren in ihrer Wirtschaftsweise sicherlich auch auf die Nutzung der »Früchte« aus Flüssen und Seen, den Fischreichtum, ausgerichtet. Hauptbasis bildete aber, wie bei den Siedlungen auf trockenem Land, die agrarische Mischwirtschaft. In ihrem Hinterland wurde Getreide angebaut und Vieh gehalten. Aus vielen »Pfahlbauten« stammt ein reichhaltiger Fundstoff, nicht nur aus haltbaren Materialien wie Stein und Bronze, sondern besonders viel aus Holz. So lieferte die Wasserburg Buchau u. a. Einbäume, Paddel, Bohlen, Bretter, Spaten, Räder usw. Die Bauhölzer zeigen Spuren von ihrer Herrichtung mit Bronzebeilen. Ein wichtiger Zug dieser Siedlungen ist ihr Reichtum an Bronzen; sie wurden zumeist auch dort hergestellt. Vielleicht konnten diese wertvollen Gegenstände nicht mehr mitgenommen werden, als die Siedlungen wegen drohender Überflutungen überstürzt verlassen werden mußten, vielleicht sind aber viele von ihnen auch Opfergaben gewesen.

# Umwelt – Landwirtschaft – Ernährung

VON ALBRECHT JOCKENHÖVEL

## Trocken und feucht: Die Umwelt des bronzezeitlichen Menschen

Die Bronzezeit fällt in die Klimazone des Subboreals, die auch als Späte Warmzeit bezeichnet wird. Es herrschte allerdings kein durchgängig einheitliches Klima, sondern die Bronzezeit war von mehreren kurzfristigen Klimaschwankungen geprägt. Gegenüber heutigen Verhältnissen war es zeitweise etwas kühler und feuchter, dann zeitweise wieder wärmer und feuchter sowie trockener und wärmer. Besonders in der Jungbronzezeit gab es zeitweise regelrechte Dürreperioden. Am Ende der Bronzezeit, am Übergang zur Eisenzeit, erhöhten sich die Niederschläge. So beendeten Überschwemmungen das Siedeln an den See- und Flußufern.

In der Waldzusammensetzung gab es in der Bronzezeit einige Wandlungen. Aus dem Südosten und Süden drang nach Norden die Rotbuche (Fagus sylvatica) immer mehr vor. Sie wurde besonders in den flachgründigen Mittelgebirgen zum vorherrschenden Baum. In den höheren Lagen stockten vorwiegend Buchen-, Fichten- und Kiefernwälder bei schwankendem Tannenanteil, in den tieferen Lagen diese Baum-

**21 Rekonstruktion einer jungbronzezeitlichen Landschaft aufgrund jüngster Grabungsergebnisse bei Heek-Ammerter Mark, Kreis Borken (Nordrhein-Westfalen). Im Vordergrund beiderseits von Teichen Grabhügel, im Hintergrund die Siedlung, umgeben von lichten Wäldern.**

**22 Aus einem Moor bei Aurich-Walle (Niedersachsen) stammt ein Pflug aus Eichenholz, mit dem kleinere Äcker bearbeitet werden konnten (vgl. Abb. 26). Seine Datierung schwankt zwischen Neolithikum und Bronzezeit; eine neue Radiokarbonbestimmung legt einen Ansatz um die Mitte des 3. Jt. nahe. Viele Vergleichsfunde, u. a. von Felsbildern (Abb. 23), bezeugen das gleichartige Aussehen bronzezeitlicher Pflüge.**

**23 Auf dem jungbronzezeitlichen Felsbild von Finntorp (Bohuslän, Schweden) wird eine Pflugszene dargestellt.**

arten zusammen mit dem Eichen-Mischwald. Im norddeutschen Tiefland wuchsen in den Jungmoränenlandschaften fast reine Eichenwälder mit Erlen- und Haselbeständen, in den Altmoränenlandschaften kiefernarme Eichen- und Eichen-Birkenwälder.

Der bronzezeitliche Mensch griff örtlich zum Teil bereits erheblich in seine Umwelt ein. Er rodete den nahen Wald zwecks Bauholzbeschaffung für den Hausbau. Vor allem die zumeist aus Holz errichteten Befestigungen fraßen ganze Wälder. Im näheren Bereich der Siedlungen entstanden dadurch offene Landschaften mit Grünland. Rodungen und die Einführung von gespanngezogenen Jochsohlenpflügen (Abb. 22. 23) förderten die Bodenerosion und Bodendegradierung. Abgeschwemmter Boden füllte als Auenlehm die Täler auf. Die Dürre förderte die Verbreitung einer trockenwarmes Klima liebenden Vegetation mit Anzeichen einer großflächigeren Versteppung und Verkarstung von Kalk- und Dolomitregionen (z. B. in Thüringen). In Nordwestdeutschland entstanden infolge einer extensiven Beweidung stellenweise Heideflächen. Frühe Umweltschäden gab es sicherlich auch im Umfeld der Verhüttung von Buntmetallen und der Salzsiederei durch die Gewinnung von Holzkohle und den Beginn der Schwermetallbelastungen von Luft und Boden.

## Viehzucht und Ackerbau

Die Landwirtschaft bildete die Lebensgrundlage des bronzezeitlichen Menschen. Ackerbau und

Viehzucht wurzeln zwar in der vorangehenden Jungsteinzeit, aber in die Bronzezeit fallen wichtige Neuerungen in der Tier- und Pflanzenzucht sowie in den Betriebsformen der Landwirtschaft.

Als Haustiere wurden weiter Rind, Schaf, Ziege, Schwein und Hund gehalten. Als neue Haustiere kamen zu Beginn der Bronzezeit das Pferd und gegen ihr Ende Hausgeflügel hinzu. Während letzteres vor allem wegen seines Fleisches gehalten wurde, spielte das Pferd, von wenigen Ausnahmen abgesehen, hierfür offenbar keine große Rolle. Es wurde als Trag-, Zug- und Reittier sowie als Tier für Repräsentations-, Kampf- und Ritualzwecke eingesetzt. Seine fast dem Menschen »gleichrangige« Stellung verdeutlichen Brandbestattungen von Pferden im Bereich der ostdeutschen Lausitzer Kultur (z. B. Tornow, Brandenburg). Die bronzezeitlichen Hunde waren zumeist von kleiner bis mittlerer Größe; sie wurden ebenfalls nicht gegessen, sondern waren Haus- und Jagdhunde. Vielleicht wurden sie auch geopfert, denn ihr Anteil an den Tierknochen aus den Kulthöhlen im Kyffhäuser ist relativ hoch.

Wie die Viehherden, die im Umkreis der bronzezeitlichen Siedlungen weideten, sei es im Wald oder auf Freiflächen, in den Talauen oder in Siedlungsnähe, im einzelnen aussahen bzw. sich zusammensetzten, ist noch nicht ganz klar. Vorherrschend war die Rinderhaltung, vor allem im norddeutschen Tiefland. Dort gab es Wohnstallhäuser, die bis zu zwei Dutzend Stück Rindvieh aufnehmen konnten. Dahinter folgten dann – mit wechselnden Anteilen – Schaf/Ziege und/oder Schwein. Zum Mittelgebirgsrand hin und in den Mittelgebirgslagen nahm der Rinderanteil zugunsten von Kleintierherden von Schaf/Ziege und Schwein ab. Im Umkreis der oberdeutschen und schweizerischen Feuchtbodensiedlungen setzte sich die relativ ausgeglichene Mischung von Rind, Schaf/Ziege und Schwein zwar fort, aber stellenweise stieg die Schweinezucht stark an und wurde vorherrschend. Interessanterweise ist dies auch eine Region, in der Jahrhunderte später die Kelten wohnten, deren Vorliebe für Schweinefleisch die antiken Autoren schildern.

Wie die Viehhaltung auf den Hochlagen der Alpen aussah, ist noch unbekannt. Aus den Nachbarländern Deutschlands wissen wir, daß der Anteil der Kleinviehherden gegenüber dem des Großviehs höher war. Vielfach wird vermutet, daß die Wurzeln der zu historischen Zeiten in den Alpen vorherrschenden saisonalen Hochweidewirtschaft, der Almwirtschaft, in der Bronzezeit liegen, es fehlen jedoch archäologische Beweise.

Zu den althergebrachten Getreidearten wie Weizen (Einkorn, Emmer) und Gerste (Nackt- und Spelzgerste) traten in der Bronzezeit der Dinkel und die Hirse (Rispen- und Kolbenhirse) hinzu, wodurch im Anbau eine weitere »Risikominimierung« entstand. Selbstverständlich gab es landschaftlich gebundene Vorlieben für die eine oder andere Getreideart, die auf Unterschieden im Klima und in den Böden beruhten. Roggen und Hafer sind noch nicht hinreichend belegt. Der größte Getreidefund Mitteleuropas ist von der Bösenburg (Sachsen-Anhalt) bekannt, wo in einer Grube mehrere Zentner Gerstenkörner als Vorrat eingelagert waren.

Im Nordseeküstenbereich wurde überwiegend Gerste angebaut, Weizen und Rispenhirse sowie Leindotter kamen hinzu. In anderen Landschaften Deutschlands stand, soweit Böden und Klima es zuließen, der Anbau von Weizen und Dinkel im Vordergrund. Zu diesen »heimischen« Arten traten – bisher am südlichen Oberrhein und in seinen Nachbargebieten nachgewiesen – »fremde«, aus dem Mittelmeergebiet kom-

**24 Zu den neuen Kulturpflanzen der Bronzezeit gehört die Ackerbohne.**

**25 Zu den neuen Erntegeräten der Bronzezeit gehören Sicheln aus Bronze. Sie wurden zahlreich benutzt und in großen Serien hergestellt. Der umfangreiche Hortfund von Frankleben bei Merseburg (Sachsen-Anhalt) vermittelt zugleich den Eindruck, daß solche Sicheln auch als Wertmesser gegolten haben können.**

mende Nutzpflanzen wie Kolbenhirse, Linsenwicke, Eßkastanie und Walnuß.

In der Bronzezeit gewannen die eiweißhaltigen Hülsenfrüchte eine größere Bedeutung in der Nahrungssicherung; teilweise überwog ihr Anteil den des Getreides. Bekannt waren Erbsen, Linsen, gelegentlich Linsenwicken und vor allem in der Jungbronzezeit die Ackerbohne (Abb. 24), die zur auffälligsten Hülsenfruchtart dieser Zeit wird, denn sie ist vielfach in der Lausitzer Kultur Ostdeutschlands als eine Art »Totenspeise« bekannt.

Offenbar wurden mehrere (meist zwei) eng verwandte Getreidearten gemeinsam auf demselben Acker angebaut, wobei es aber auch Hinweise auf einen Fruchtwechsel gibt. Weizen und Gerste waren Sommergetreide, Dinkel Wintergetreide, Rispenhirse und Lein ebenso wie alle Hülsenfrüchte ausgesprochene Sommerfrüchte. Die Felder waren in einem guten Zustand. Eine mineralische Düngung erfolgte noch nicht. Wahrscheinlich weidete das Vieh nach der Ernte die Felder ab, wobei eine natürliche Düngung im kleineren Umfang stattfand.

Zur Rodung von landwirtschaftlichen Flächen und zur Gewinnung und Verarbeitung von Holz wurden Stein- und Bronzebeile eingesetzt. Die Anbauflächen lagen dicht bei der Siedlung: in Hausnähe sicher gartenartige Flächen, davon etwas entfernter die Felder. Die Fläche eines Einzelackers wurde durch die Pflugtechnik bestimmt; sie betrug ca. 1000–1800 m².

In der bronzezeitlichen Agrartechnik sind zwei Neuerungen folgenreich: Der gespanngezogene Jochsohlhaken aus Holz setzte sich immer mehr durch (es wurden regelrechte Pflugtypen entwickelt), und Sicheln aus Bronze (Abb. 25) wurden zum Ährenschneiden eingesetzt. Felsbilder, zum Beispiel aus Schweden (Abb. 23), schildern das Pflügen: Ein Rinder- bzw. Ochsengespann zieht einen aus Pflugbaum und separat eingesetztem Sterz bestehenden Pflug mit separatem Sohlbrett, der den Boden aufwühlt bzw. aufritzt. Weitverbreitet waren Holzpflüge – zumeist aus Eichenholz – vom Typ Walle (Abb. 22). Vielfach haben sich in Norddeutschland unter Grabhügeln bronzezeitliche Pflugspuren erhalten (Abb. 26), die sich gitterförmig kreuzen. Die Furchenabstände betragen 10–20 bzw. 20–30 cm bei einer Breite von 2–10 cm und einer Tiefe von 10–20 cm. Die Äcker waren vermutlich eingezäunt, denn es war sicher notwendig, Saat und Frucht vor den Wild- und Haustieren zu schützen. Neben dem Holzpflug, der nicht durch Metallteile verstärkt wurde, kamen Hacken und Spaten zum Einsatz.

Der Einsatz von Metallsicheln beschleunigte die Getreideernte. Man schätzt die Zeitersparnis auf

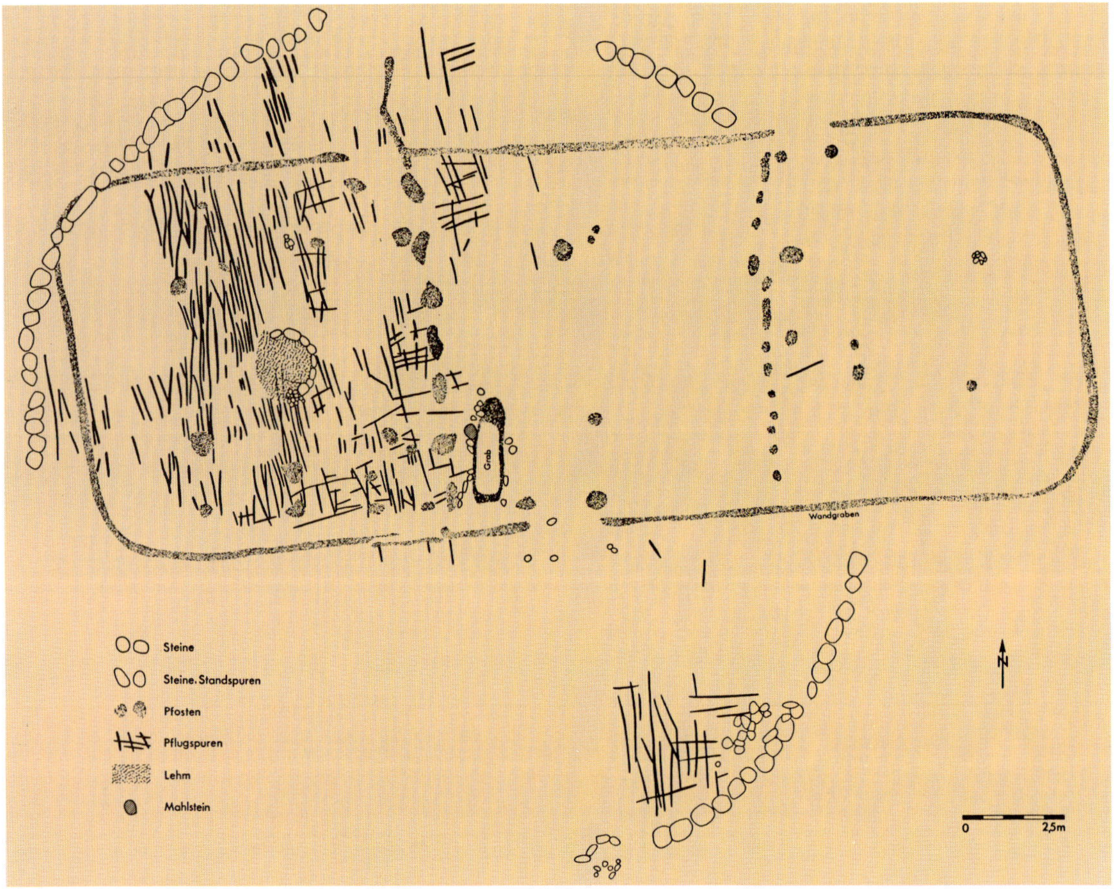


**26 Bei Handewitt (Schleswig-Holstein) konnte eine für eine kleinräumige Landnutzung aufschlußreiche Abfolge festgestellt werden: Zunächst wurde ein Acker, der kreuzförmig gepflügt wurde, bewirtschaftet. Er wurde aufgegeben und auf seinem Gelände ein Haus errichtet. Nachdem dieses verlassen worden war, diente der Platz als Begräbnisstätte; ein niedriger Grabhügel wurde aufgeworfen. Etwa 15.–13.Jh. v. Chr. – Nach K. Bokelmann.**

ca. 20 Prozent. Aber es wurden, besonders in Nordwestdeutschland, auch noch Flintsicheln verwendet. Die auf den Feldern stehengebliebenen, abgeernteten Getreidehalme konnten als Stroh genutzt werden.

## Essen und Trinken

Das von Unkräutern gereinigte, getrocknete und teilweise geröstete Getreide wurde in speziellen Vorratsgruben gelagert und für den täglichen Bedarf weiterverarbeitet. Auf mulden- bis trogförmigen, transportablen Mahlsteinen, bestehend aus Unterliegern und Läufern (Abb. 27), wurden die entspelzten Getreidekörner zu Mehl geschrotet. Dabei war man bestrebt, den Mahl-

**27 Aus der jungbronzezeitlichen befestigten Siedlung »Goldkuppe/Heinrichsburg« bei Diesbar-Seußlitz am Elbübergang der Rauhen Furt unterhalb von Meißen (Sachsen) stammt ein Depotfund noch unbenutzter Mahlsteine. Mit ihnen konnte Getreide zu Mehl verarbeitet werden. Die Steine sind aus Zehrener Quarzporphyr.**

**28 Detailuntersuchungen von Leichenbrandresten förderten überraschend auch Reste von Broten zutage, die den Toten als Wegzehrung auf die letzte Reise mitgegeben wurden. So unscheinbar diese besonders aus Westfalen bekannt gewordenen Bruchstücke (L. des linken Stückes etwa 2 cm) auch sind, vermitteln sie doch eine Vorstellung von der bronzezeitlichen Nahrung.**

steinabrieb so kleinkörnig wie möglich zu halten, um die Zähne beim Brotkauen nicht zu sehr zu beschädigen. Das Mahlen oblag wahrscheinlich Frauen und Kindern. Es dauerte fast drei Stunden, bis man Mehl für ein halbpfündiges Brot ausgemahlen hatte. Deshalb wird Brot, das sich als Fladen hier und da erhalten hat (Abb. 28), keine Alltagsspeise gewesen sein. Man begnügte sich mit Brei. Kuppelförmige Backöfen gehörten zum geläufigen Inventar eines Hauses.

Wenn notwendig, wurden die Speisen gesüßt. Hierzu stand Bienenhonig zur Verfügung. Aus der jungbronzezeitlichen Siedlung von Berlin-Lichterfelde liegt möglicherweise ein sekundär als Brunnenfassung verwendeter Bienenklotz vor (Abb. 67 B).

Der Nahrungsaufbewahrung dienten durch alle Zeiten hindurch Gefäße aus Ton und Holz, von nur selten erhalten gebliebenen Flechtkörben abgesehen. Die kostbaren Metallgefäße aus Gold (Abb. 77. 90) und Bronze (Abb. 77–79) nahmen spezielle Genußmittel auf, vielleicht aus dem Süden importierten Wein oder einheimische Getränke wie Met und Bier, für das man viel Gerste benötigte. Aus der großen Vielfalt von Tongefäßen lassen sich besonders die Siebe, die auch in Metall umgesetzt wurden, herausstellen. Sie werden mit der Käse- und Quarkzubereitung in Verbindung gebracht. Die in vielen Gräbern regelhaft vorkommenden Geschirrsätze vermitteln eine Vorstellung von reichhaltigen Servicen zum Essen und Trinken.

## Sammeln und Jagen

Wildpflanzen wurden gesammelt, um als Gemüse, Salate und Obst den täglichen Speiseplan zu bereichern. Belegt sind Haselnüsse, Holz- und Wildäpfel, Vogelkirschen, Schlehen, Hagebutten, Erdbeeren, Himbeeren, Brombeeren, Holunder, Wassernüsse, Bucheckern und Eicheln. Wildkräuter und -gräser wie Weißer Gänsefuß, Winden-, Vogel- und Ampferknöterich sowie Roggentrespe ergänzen diese Palette. Viel häufiger als heute wurden Wildpflanzen zu Heilzwecken und als Grundstoff für Farben gesammelt.

Die Jagd spielte in der bronzezeitlichen Ernährung keine große Rolle. Der Anteil von Wildtierknochen im Gesamttierknochenbestand von Siedlungen beträgt nur 5–10 Prozent. Bevorzugt wurde Rotwild, besonders der Rothirsch, dessen Geweih auch den Rohstoff für Knochengeräte lieferte, gejagt. Bären, Marder, Hasen usw. lieferten Pelze und Felle. Die Hauer von Wildschweinen sowie Bärenkrallen wurden als Amulette getragen. An Jagdwaffen wurden Pfeil und Bogen eingesetzt. Das neuerdings bei Ausgrabungen verstärkt vorgenommene Ausschlämmen der Erde ergab vielfach Fischreste von Hecht, Wels, Karpfen, Döbel und Stör. Gefangen wurden sie mit Netzen oder in Reusen bzw. mit Harpunen und Fischstechern sowie Angelhaken erlegt. Fischwirbel wurden gelegentlich zu Halsketten zusammengefügt. See- und Flußmuscheln bereicherten den täglichen Speiseplan.

# Arbeiten an Ofen und Tiegel – Frühe Metallurgen und Künstler

VON ALBRECHT JOCKENHÖVEL

Die (archäo)metallurgischen Fähigkeiten der bronzezeitlichen Bergleute, Schmelzer und Handwerker bauten auf kupferzeitlichen Erfahrungen auf und verfeinerten sich zunehmend. Vielleicht war der Bergbau das erste »Gewerbe«, das sich nicht nur räumlich, sondern auch sozial und wirtschaftlich aus dem übrigen Leben herauslöste.

Zu Beginn der Bronzezeit wurden die Metallgegenstände noch aus dem relativ weichen Kupfer gefertigt. Erst gegen Ende der Frühbronzezeit setzte sich die Bronzetechnologie allgemein durch. Bronze ist eine Legierung von 90 Prozent Kupfer und etwa 10 Prozent Zinn. Offenbar hatte man herausgefunden, daß diese Legierung einerseits wesentlich härter ist, andererseits einen niedrigeren Schmelzpunkt (um 1000° C) als Kupfer (um 1083° C) aufweist. Auch ihr Gefüge ist wesentlich dichter; die Gegenstände aus Bronze sind insgesamt haltbarer. Ein weiterer Vorteil ist, daß nach ihrem Gebrauch oder Bruch die Bronzen wieder eingeschmolzen, also »recycelt« werden konnten. Gegenüber der Verwendung von Steingeräten war der bronzezeitliche Mensch nun in der Lage, durch die Beherrschung vielfältiger Gußtechniken Werkzeuge und Geräte, Waffen und Schmuck in nahezu unbegrenzter Vielfalt herzustellen.

Um Bronze erzeugen zu können, mußten zunächst die Rohstoffe besorgt werden. Ideal waren natürlich die Verhältnisse, wenn es sowohl Kupfer- als auch Zinnlagerstätten in derselben Region gab, was aber die seltene Ausnahme darstellte. Gleichwohl hat man vor Jahrzehnten versucht – gestützt auf Metallanalysen –, die Anfänge der europäischen Bronzezeit in Mitteldeutschland zu lokalisieren, was aber bis heute nicht gelang. Ob, wann und welche Kupferlagerstätten in Deutschland ausgebeutet wurden, ist noch völlig ungeklärt.

In Frage kamen sowohl oxidische (Malachit, Azurit) wie sulfidische (meist Kupferkies) Vorkommen und auch Lagerstätten von Fahlerzen, die einen hohen Arsen-, Antimon-, Silber- und Nickelgehalt haben, von kleinen Vorkommen gediegenen Kupfers abgesehen. Es handelte sich um oberflächennahe Vorkommen von Kupfererzen – somit für den bronzezeitlichen Prospektor an der Farbe der Gesteine leicht erkennbar – im Harz und im östlichen Harzvorland, auf Helgoland (Kupferoxide und -karbonate im Buntsandstein; stellenweise ist auch gediegenes [reines] Kupfer von der Insel bekannt), im sächsischen Vogtland, Fichtelgebirge, Hessischen Bergland, westlichen Rheinischen Schiefergebirge, in alpinen Lagerstätten und im Schwarzwald. Man hat aber bis heute keine urzeitlichen Abbauspuren finden können. Offenbar verwischte der mittelalterliche Bergbau diese völlig. Durch Funde von Kupferschlacken, Ofendüsen und anderen archäometallurgischen Fundgruppen ist die Verhüttung von Kupfererzen für die jüngere Bronzezeit, z. B. im Vogtland, belegt. Kupfer wurde wahrscheinlich im einfachen Schachtofen und/oder im Schmelztiegel verhüttet. Letzterer stand auf dem Erdboden, wurde mit Erz und Holzkohle gefüllt und durch Düsen, die über seinen Rand reichten, belüftet. Er hinterläßt archäologisch kaum faßbare Spuren.

Allerdings kann man einen Kupferimport aus

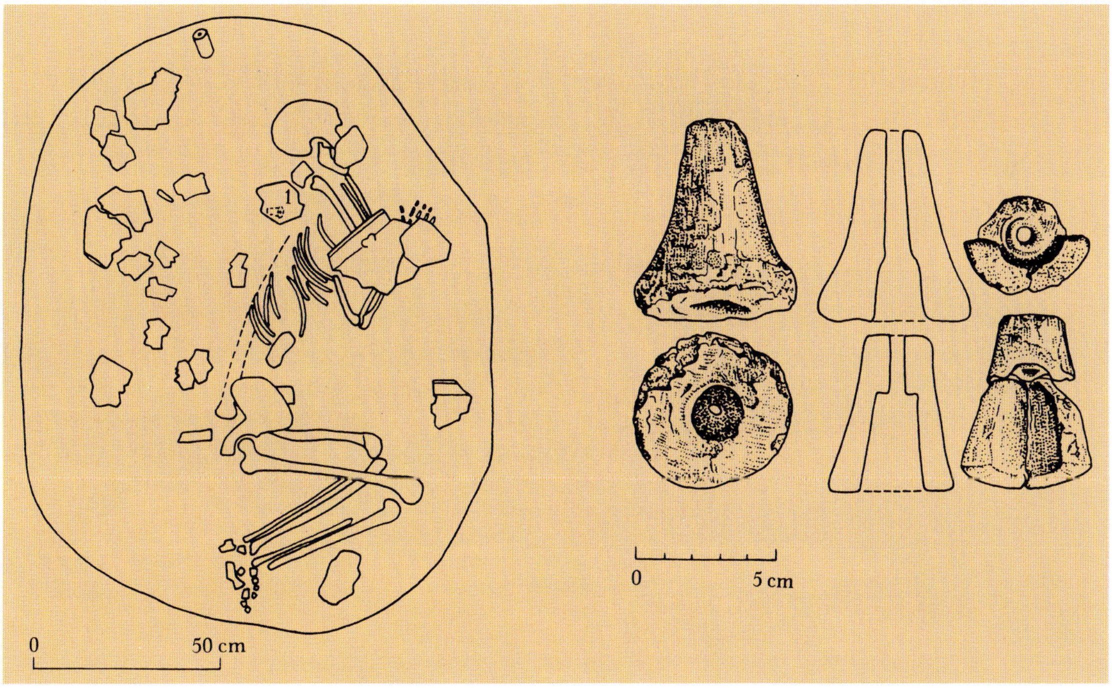


**29 In dem frühbronzezeitlichen Grab von Erfurt-Gispersleben war offensichtlich ein Metallhandwerker bestattet. Es enthielt als kennzeichnende Beigabe Tondüsen vom Blasebalg. Etwa 16. Jh. v. Chr. – Nach D. Walter.**

Regionen außerhalb Deutschlands nicht ausschließen. Das Voralpengebiet wird Kupfer aus dem Salzburger Land (Bergbaugebiet Mitterberg) und Tirol, das Bodenseegebiet Kupfer aus der Ostschweiz erhalten haben. Besonders gilt dies für das noch seltenere Zinn, das wahrscheinlich aus Westeuropa, besonders der Bretagne und von Cornwall, dem antiken Zinnland, bezogen wurde. Aber auch kleinere inländische Vorkommen im Fichtelgebirge, im sächsischen Vogtland und im Osterzgebirge kommen in Betracht. Vermutlich wurde Zinn, wie Gold, aus Flußsand ausgewaschen. Auch für die oft vermutete Gewinnung von Gold aus dem Rhein, von »Rheingold«, gibt es noch keine in die Bronzezeit zu datierenden Belege.

Die Rohstoffversorgung mit Kupfer und Zinn mußte sichergestellt sein. Sie erfolgte in einem dichten Verteilungsnetz, in das auch rohstofflose Gebiete, wie z. B. die Norddeutsche Tiefebene, einbezogen waren. Ob es einen nur auf die Metalle beschränkten Austausch oder Handel gegeben hat, ist fraglich. Vermutlich wurden die Gußkuchen, Barren und Halbfabrikate von Hand zu Hand, von Siedlung zu Siedlung weitergereicht. Mit den Metallen werden auch die speziellen Kenntnisse über die Verhüttung und Weiterverarbeitung vermittelt worden sein und es wird ein Austausch handwerklicher Erfahrungen stattgefunden haben. In ihrem Gefolge kam es zu weiteren Entwicklungsprozessen, die auch andere Bereiche der bronzezeitlichen Kultur wie Wirtschaft, Religion und Kult erfaßten. Darüber hinaus wird es auch Wanderhandwerker gegeben haben. Nur aus diesem engen Kontakt der Künstler, Handwerker (Abb. 29), »Händler« und anderer Personen untereinander ist die über weite Strecken feststellbare Einheitlichkeit vieler bronzezeitlicher Kulturzüge zu erklären. Offenbar gab es im Tauschwesen bereits gewisse Normen; Detailuntersuchungen beweisen die Existenz von gewichtsähnlichen Systemen. Hinter dieser Organisation und der Vermittlung der wertvollen Rohstoffe standen wohl auch örtliche und überörtliche Autoritäten, die diese Vorgänge schützten.

Metallanalysen zeigen, daß nicht nur in der Frühbronzezeit erhebliche Mengen von Rohkupfer in Form von Gußkuchen und Barren erstmals in Umlauf kamen. Auch in der Jungbronzezeit wurde noch sehr viel Rohkupfer erzeugt, zumal relativ viel Material aus dem vorhandenen Bronzeumlauf genommen wurde, wenn wir allein an die der Erde (als Beigaben in Gräbern) oder dem Wasser (als Opfergaben) anvertrauten Bronzen denken.
Wie wir aus topographischen und archäologischen Befunden in den Ostalpen wissen, waren die Erzabbaureviere und auf sie bezogene Schmelzplätze mit den zugehörigen Wirtschaftssiedlungen (»Bergbausiedlungen«) von den übrigen Siedlungen im Tal und Vorland getrennt. Vermutlich gelangte von dort das Rohkupfer in Form von ganzen oder zerteilten Gußkuchen oder als Barren in den örtlichen und überörtlichen Metallumlauf. Die Gußkuchen haben zumeist fladen- und brotlaibförmige Gestalt und können mehrere Kilogramm schwer sein (Abb. 30). In der Frühbronzezeit dienten als Barren vor allem Ösenhalsringe und rippenförmige Spangenbarren (Abb. 31). In der Jungbronzezeit waren Stabbarren geläufig. Daneben gab es weitere Barrenformen, wie z. B. bestimmte Beile.

**30 Ganze und zerteilte Gußkuchen aus Kupfer sind von der bronzezeitlichen Siedlung Karlstein bei Bad Reichenhall (Oberbayern) bekannt. Vermutlich stammt das Kupfer aus nahegelegenen Lagerstätten, vielleicht vom Mitterberg im Salzburger Land.**

**31 Aus dem bayerischen Voralpenland sind umfangreiche frühbronzezeitliche Depotfunde von Ösenhalsring- und Spangenbarren bekannt. Sie belegen bereits für die Frühbronzezeit einen Metallumlauf. Der Fund von München-Luitpoldpark umfaßt etwa 500 Spangenbarren mit einem Gesamtgewicht von 85 kg. Etwa 1. Hälfte des 2. Jt. v. Chr.**

Während der Bronzezeit vervollkommnete sich der Bronzeguß immer mehr. Es wurden mehrere Gußtechniken angewandt, wobei die Form des zu gießenden Gegenstandes die jeweilige Gußtechnik bestimmte. Die einfachsten Techniken waren der offene Herdguß und der Schalenguß. Beim »offenen Herdguß«, der allerdings sehr selten vorkam, wurde die Gußspeise in ein Formnegativ gegossen, das nicht abgedeckt war; die Gußspeise erstarrte an ihrer Oberfläche und verlieh damit den Bronzegegenständen eine unebene Rückseite. Beim Schalenguß, auch »verdeckter Herdguß« genannt, wurde das Negativ nur in eine Platte graviert, während die Gegenseite völlig glatt blieb, so daß nur wenig profilierte bzw. einseitig plastische Gegenstände, besonders Sicheln, erzeugt wurden. Die meisten Gegenstände wurden jedoch in Gußformen (Coquillen) erzeugt, in die zwei aufeinanderpassende Negative eingearbeitet waren (Abb. 32). Dabei mußten die Formhälften genau aufeinander abgestimmt und mit Pässen, zumeist in Form von Stiften, versehen sein; diese Stifte wurden in Löcher eingesetzt. Die Stoßfugen der beiden Formhälften dürften nur schwache Gußnähte an den Gegenständen zu Folge gehabt haben. Die Gußformen mußten über zweckmäßig angeordnete Windpfeifen verfügen, durch die die verdrängte

**32 Der größte Fund steinerner Gußformen aus Deutschland stammt von Heilbronn-Neckargartach (Baden-Württemberg). Etwa 9./8. Jh. v. Chr.**

Luft und Gase schnell entweichen konnten, um gefügeschädigende Blasenbildungen zu vermeiden. Ein rasches Einfließen der Gußspeise war erforderlich.

Die Schalengußformen bestehen in der Regel aus gut zu bearbeitendem Material, meist aus Sandstein (Abb. 32). Daneben gibt es aber auch festere Gesteine wie Gneis. Selten sind im Fundgut bronzene oder aus Ton gebrannte Gußformen. Bei den Sandsteinformen, die keine Spuren eines Gußvorganges aufweisen, ist oft nicht zu unterscheiden, ob echte Gußformen vorliegen oder sie nur als Vor- oder Mutterformen zur Anfertigung von Wachsmodellen dienten.

Ein direkter Guß in Bronzeformen war gleichfalls möglich. Da sie sehr haltbar waren, konnte man sie für bis zu 50 Ausgüsse benutzen. Die bekannteste mehrteilige Gußform aus Bronze ist die von Erlingshofen (Mittelfranken), mit der der Griff eines Vollgriffschwertes vom Typ Mörigen hergestellt werden konnte (Abb. 33).

Sehr geläufig, jedoch archäologisch nicht oft nachgewiesen, waren Gußformen aus gebranntem Ton, die nach dem Gußvorgang zerschlagen wurden. Sehr dünnwandige Gegenstände wurden zumeist im Wachsausschmelzverfahren oder im Guß in verlorener Form (frz.: à cire perdue) hergestellt. Über einem Tonkern wurde das zu gießende Stück aus einer Wachsschicht modelliert und diese wiederum mit einem Tonmantel verkleidet. Diese Form wurde erhitzt, wobei das Wachs ausschmolz und zugleich der Ton gehär-

**33 Eine mehrteilige Metallgußform von Erlingshofen (Mittelfranken) belegt den komplizierten Gußvorgang bei der Schwertherstellung. Mit dieser Form konnte der Griff eines Vollgriffschwertes vom Typ Mörigen (vgl. Abb. 83) gegossen werden. Der Kern schuf einen Hohlraum im Inneren des Griffes, in den die separat gefertigte Klinge eingesetzt wurde. Etwa 9./8. Jh. v. Chr.**

**34 Der Weiterverarbeitung gegossener Rohformen aus Bronze dienten Tüllenhämmer und Meißel. Die Geräte stammen – von links nach rechts – aus Oldenburg (Putlos); Puls; Gremmersdorf (Techelwitz) (alle Kreis Ostholstein, Schleswig-Holstein).**

tet wurde. In den zwischen Tonkern und Tonmantel entstandenen Hohlraum wurde die Gußspeise eingefüllt. Der Bedarf an Wachs war sehr hoch; man benutzte wahrscheinlich Rindertalg, jedoch sicher noch mehr Bienenwachs. Dies setzt natürlich eine rege Sammeltätigkeit aus Stöcken der Wildbienen oder die Haltung von Bienen voraus.

Noch spezieller ist der sogenannte Kernguß, durch den ein material- und gewichtsparender Hohlraum erzeugt wurde. Das konnte erreicht werden durch die Verwendung eines nach dem Guß entfernten Metallkernes (Abb. 33) oder öfter noch durch die Einlage eines Tonkernes, der danach im Gußstück verblieb.

Eine besondere Bedeutung hatte auch der Verbundguß oder Überfangguß. Es handelt sich um einen sekundären Aufguß von Bronze auf ein Halb- oder Fertigfabrikat. Diese Technik wurde bei der Herstellung von Fertigprodukten und der Ausbesserung defekter Stücke oder mißlungener Ausgüsse angewandt.

Manche Reparaturen ähneln einer »Schweißung«. Die zu »schweißende« Stelle wurde so lange mit flüssiger Bronze übergossen oder umspült, bis sie aufweichte und der Aufguß erfolgen konnte. Eine oft für die Bronzezeit vermutete Lötung ist bisher noch nicht nachgewiesen.

Die Gußrohlinge wurden vielfältig überarbeitet. Störende Gußnähte wurden entfernt, die Oberfläche geglättet und der Rohling in seine endgültige Form gebracht. Weitere Verarbeitungstechniken belegen das hohe Können der bronzezeitlichen Handwerker, die bereits über ein differenziertes Werkzeugrepertoire verfügten (Abb. 34).

Viele einfache Werkzeuge und Geräte, wie Sicheln oder Messer, aber auch schlichter Schmuck, wie Nadeln oder Ringe, dürften in einer Art »Hauswerk« in fast allen Siedlungen hergestellt worden sein, während für kompliziertere Gegenstände mehr Detailkenntnisse notwendig waren, die eher Spezialhandwerkern vorbehalten blieben, wie z. B. die Herstellung von Schwertern oder Metallgefäßen. Arbeitsteilige Vorgänge lassen sich in den bronzezeitlichen Siedlungen nicht belegen, sie sind aber zu vermuten, z. B. zwischen Gießerei- und Weiterverarbeitungswerkstätten.

# Ortsfest und mobil – Haus- und Handwerk, Handel und Verkehr

VON ALBRECHT JOCKENHÖVEL

Auch im Handwerk lassen sich in der Bronzezeit gegenüber dem vorangehenden Neolithikum Weiterentwicklungen feststellen. Steingeräte spielten zwar vor allem in Gebieten, die, wie z. B. Nordwest- und Norddeutschland, nicht über eigene Metallressourcen verfügten, noch eine große Rolle. Beliebt waren kleine Werkzeuge und Sicheln aus Feuerstein, auch Beile und Äxte aus Felsgestein. Aber die meisten Werkzeuge und Geräte wurden nun aus Bronze hergestellt. Aus Holz waren sicherlich viele Gegenstände des täglichen Gebrauchs wie Geräte und Möbel (z. B. die in Norddeutschland gefundenen, fell- oder lederbespannten Klappschemel [Abb. 50]). Aus Knochen, Geweih und Horn wurden vor allem kleinere Geräte und Werkzeuge, aber auch Pferdetrensen und Pfeilspitzen hergestellt. In manchen Siedlungen, wie z. B. der »Heidenschanze« bei Dresden-Coschütz, war man auf die Herstellung dieser Gerätschaften ausgerichtet. Auch in der Töpferei zeigen sich Tendenzen zu einer Spezialisierung. Die Töpferöfen waren kuppelförmig überwölbt, Feuerungs- und Brennraum waren durch eine Lochplatte getrennt (Abb. 35). Manche Tongefäße der Urnenfelderzeit Südwestdeutschlands zeigen in ihrer scharfen Profilierung deutliche Anklänge an Metallgefäße. Stellenweise wurde die dünnwandige Keramik auf einer langsam drehbaren Unterlage handgeformt. Die Verbreitung von einheitlich wirkender Keramik erlaubt die Aussage, daß sich auch hier Produktionsorte und Absatzgebiete erschließen lassen, also nicht immer nur für den Hausgebrauch produziert wurde.

**35 Bei Grabungen im Zuge des Autobahnbaues wurden im Winter 1975/76 am Elchinger Kreuz (Ldkr. Neu-Ulm, Bayerisch Schwaben) innerhalb einer jungbronzezeitlichen Siedlung die Reste eines Töpferofens mit getrennter Brenn- und Feuerungskammer festgestellt. Die Rekonstruktion von E. Pressmar vermittelt eine Vorstellung von dem kuppelförmigen Überbau des Ofens. Etwa 11./10. Jh. v. Chr.**

Bestimmte handwerkliche Tätigkeiten wurden im Rahmen der Hausgemeinschaft ausgeübt, so vor allem die Weberei. Die Woll- und Leinenstoffe (Abb. 36) wurden auf senkrecht stehenden Webstühlen gewebt, die Kettfäden mit tönernen Webgewichten beschwert (Abb. 37 B). Spinnwirtel (Abb. 37 A) sind fast in allen Siedlungen reichlich vorhanden, mitunter sind sie verziert. Aufgrund der Erhaltungsbedingungen sind nur wenige bronzezeitliche Textilreste überliefert. Für andere Produkte ist wiederum an eine Herstellung in Spezialwerkstätten zu denken. Dies gilt nicht nur für die Spitzenprodukte aus Edel- und Buntmetall, sondern z. B. auch für die Herstellung von Glasperlen. Lange Zeit hat man angenommen, daß die ältesten Glasperlen, die erstmalig in der mittleren Bronzezeit auftreten

36 Aus einem frühbronzezeitlichen Grab von Unterteutschenthal (Gde. Teutschenthal, westlich von Halle, Sachsen-Anhalt) liegt ein 10 x 16 cm großes Gewebefragment vor. Es ist ein leicht verfilztes Tuch mit Kettfäden aus Flachsgarn und Schußfäden aus Schafwolle. Etwa 1. Hälfte des 2. Jt. v. Chr.

(Abb. 38), aus dem Mittelmeergebiet oder gar aus Ägypten importiert wurden. Heute geht man von einer einheimischen Herstellung dieser ring- oder kugelförmigen, blauen bis grünlichen Perlen aus. In der Urnenfelderzeit gibt es dann tonnenförmige Perlen mit Fadeneinlagen und andere Formen. Die meisten Glasperlen dieser Zeit liefert ein großer Depotfund bei Stadtallendorf (Kr. Marburg-Biedenkopf, Hessen).

In der Bronzezeit wurde vor allem ein weiterer begehrter und lebensnotwendiger Rohstoff im großen Maßstab gewonnen: das Salz. Manche Regionen verdanken ihren an den Funden ablesbaren Reichtum wohl diesem Produktionszweig. Die Salzproduktion konzentrierte sich besonders in der Umgebung von Halle an der Saale, wo sie seit der Frühbronzezeit durchgehend bis zur Eisenzeit belegt ist und man die Häufung reicher Grab- und Hortfunde hiermit in Verbindung bringt. Das Salz wurde aus der aus Quellen austretenden Sole gewonnen. Zu den Siedegerätschaften, auch »Briquetage« genannt, die oft meterdicke Schichtpakete bilden, gehören Säulen, Wannen, Pokale und Kelche (Abb. 39). In kleineren Kelchen wurde das Formsalz vertrieben. Warum man nun in der Bronzezeit gegenüber dem Neolithikum so viel mehr Salz brauchte, ist noch nicht ganz klar. Sicherlich wurde viel Fleisch durch Pökeln konserviert; auch zum Gerben von Leder und in der Metallurgie wurde Salz benötigt.

Von einem anderen Rohstoff ist die Bronzezeitforschung bis heute fasziniert, dem Bernstein. Da er nur an wenigen Plätzen als Rohstoff zu finden war bzw. gewonnen werden konnte, andererseits an fast allen Stellen Europas Bernstein als Perlen und Schieber, auch als Einlagen, verwen-

37 Tönerne Spinnwirtel (A) und Webgewichte (B) werden oft in bronzezeitlichen Siedlungen gefunden.

A △ B ▽

38 In der mittleren Bronzezeit tauchen zum ersten Mal Glasperlen als Schmuckbestandteile in Mitteleuropa auf. Die abgebildeten Perlen von Großenlüder-Unterbimbach und Frielendorf-Allendorf (Hessen) vermitteln ein Bild ihrer Farbigkeit. Etwa 14./13. Jh. v. Chr.

39 Als Relikte bronzezeitlicher Salzgewinnung sind besonders aus dem Bereich um Halle a. d. Saale (Sachsen-Anhalt) umfangreiche Vorkommen von »Briquetage«-Fragmenten bekannt. Es handelt sich um Säulen, Kegel, Wannen usw. aus Ton.

40 Mit Hilfe hölzerner Bohlenwege wurden viele Moore Nordwestdeutschlands bereits in der Bronzezeit überbrückt. Die Wege zeugen von einem hohen handwerklichen Können in der Holzbearbeitung. Hinter ihrem Bau muß eine gute Arbeitsorganisation und Logistik gestanden haben.

det wurde, war er der Baustoff für sich quer durch Europa ziehende »Bernsteinstraßen«. Der exportierende Norden soll hierfür qualitätvolle Gegengaben wie Gold- und Bronzegefäße oder Bronzeschwerter erhalten haben. Mit Hilfe der Infrarotspektroskopie ist es zwar gelungen, baltischen Bernstein deutlich von anderen Bernsteinsorten abzusetzen. Aber es ist ein weitverbreiteter Fehlschluß, daß baltischer Bernstein nur aus dem Baltikum oder von der Ostsee stammen muß, denn »baltisch« bezeichnet die ehemalige Ausdehnung des heute unterirdischen Baltischen Meeres, das sich vor Jahrmillionen von England bis zum östlichen Ostseegebiet erstreckte. Zudem wurde viel Bernstein während der Eiszeiten durch die Gletscher bis zum Mittelgebirgsrand Deutschlands geschoben, so daß Bernstein stellenweise im Binnenland »vor der Haustür« lag. Ungeachtet dieser Problematik ist festzuhalten, daß Bernstein als Tauschgut aus dem Norden in das mittlere und südliche Deutschland erst in der ausgehenden Früh- und beginnenden Mittelbronzezeit gelangte. Regionale Unterschiede in der Verbreitung und im Aussehen der Perlen und Schieber legen eine Einfuhr als Rohbernstein und eine lokale Endfertigung nahe. Besonders viele Bernsteinfunde sind aus den Körpergräbern der Hügelgräberzeit bekannt (Abb. 59). Ebensoviel Bernstein hat es wohl auch in der Urnenfelderzeit gegeben, er schmolz aber zumeist im Scheiterhaufen dahin. Die in der Bronzezeit feststellbaren weiten Kontakte, der notwendige Austausch zwischen den einzelnen Lokalgruppen, besonders hinsichtlich der Rohstoffbeschaffung, bezeugen rege Nah- und Fernbeziehungen, die durch auffällige Importstücke (Abb. 4) noch zusätzlich unterstrichen werden. Es scheint jedoch überwiegend ein kleinräumiger Tausch vorzuherrschen, in dessen Rahmen auch »exotische« Stücke von Hand zu Hand weitergereicht wurden.

Der bronzezeitliche Verkehr spielte sich links und rechts von Flüssen auf den trockenen Terrassen und/oder auf bergigen Höhenwegen ab. Sumpfiges und mooriges Gelände wurde mit hölzernen Kunstwegen, den Bohlenwegen (Abb. 40) überbrückt. Die Lasten wurden von Mensch und Tier (jetzt auch dem Pferd) getragen, auf Wagen oder Schiffen (belegt sind Einbäume, weitere Schiffsformen lassen sich aus Darstellungen auf skandinavischen Felsbildern und bronzenen Rasiermessern erschließen; vgl. Abb. 71 D. 75) verfrachtet. An wichtigen Punkten wie an Furten – dort wurden auch viele Bronzen geopfert – oder am Beginn nicht schiffbarer Flußabschnitte wurde umgeladen. Vielleicht entstanden an diesen Stellen Stapelplätze als Vorformen späterer Handels- und Marktorte.

# Bauern und Krieger, Künstler und Händler – Bronzezeitliche Gesellschaft

VON ALBRECHT JOCKENHÖVEL

Da die archäologischen Quellen nur indirekt zum Sprechen gebracht werden können, ist es schwierig, den Aufbau der bronzezeitlichen Gesellschaft zu rekonstruieren. Deshalb können hier nur einige Grundzüge skizziert werden.
Wenn wir die archäologischen Befunde zugrundelegen, die aus Gräbern, Gräberfeldern, Haus- und Siedlungseinheiten stammen, bildete wohl auch in der Bronzezeit die Familie die biologische, soziale und wirtschaftliche Grundeinheit. Sie umfaßte ca. fünf bis zehn Personen. Zwischen den einzelnen Mitgliedern der Familie entwickelte sich gemäß Alter und Geschlecht eine entsprechende Arbeitsteilung. Mehrere Familien wohnten gewöhnlich am gleichen Ort zusammen und bildeten wohl mit anderen Siedlungen eine kleinere oder größere überörtliche Gemeinschaft, durchaus mit einem Stamm vergleichbar. Ein jungbronzezeitliches »Kleinterritorium« bestand in der Regel aus einer befestigten Siedlung und mehreren offenen Siedlungen in ihrem Umfeld; es scheint nicht viel mehr als 2000 Bewohner umfaßt zu haben. Auf diesem demographischen Hintergrund sind die Bemerkungen zur bronzezeitlichen Gesellschaft zu sehen.
Innerhalb der bronzezeitlichen Gesellschaft entstand gegenüber dem Neolithikum eine viel stärker ausgeprägte hierarchische Struktur, die zugleich auch einen Spielraum für vertikale Mobilität bot. Sicher müssen wir berücksichtigen, daß die sichtbaren Abstufungen im Beigabenreichtum der Gräber oder im Bestattungsaufwand zunächst durch religiös bedingte Gepflogenheiten festgelegt waren, doch dürfen wir aus ihnen mit einiger Berechtigung auf den ehemaligen gesellschaftlichen Rang der Toten schließen. Insgesamt hatten wohl die Männer das Sagen, wenngleich es, vor allem in der Mittel- und Jungbronzezeit, viele reich ausgestattete Frauenbestattungen gab. Der bronzezeitliche Mann verstand sich zuallererst als Krieger. In allen Abschnitten der Bronzezeit fallen die Waffen als Grabbeigaben sofort ins Auge, in der Frühbronzezeit besonders die Dolche und in der Mittel- und Jungbronzezeit die Schwerter. Um diese gruppieren sich weitere Angriffs- und Verteidigungswaffen wie Pfeil und Bogen, Lanzen und Speere, Äxte und Beile sowie Schutzwaffen. Ein vielfältiges Waffenhandwerk entfaltete sich, um den Ansprüchen dieser Kriegerschicht zu genügen, die über weite Strecken Mitteleuropas fast gleichartig gerüstet war. Gemeinsamkeiten in Grablege und Ausstattung über weite Gebiete Europas hinweg lassen daran denken, daß die Schwertträger verwandtschaftsüberschreitend agierten und männerbündnerische Kriegergesellschaften und Jungmannschaften bildeten.
Die Schwertträger waren in der Regel waffenfähige Männer, aber auch Kinder konnten bereits ein Schwert besitzen. Dies wirft ein bezeichnendes Licht auf die Rolle und Funktion der bronzenen Schwerter, besonders der Vollgriffschwerter, die sicher über die einer reinen Waffe hinausgingen. Schwerter waren zusätzlich Status- und Prestigewaffen; viele waren für einen Kampf nicht tauglich, wie metallkundliche Untersuchungen belegen, andere wiederum durch Gold- und Bernsteinverzierungen oder durch exotische Materialien (Abb. 95) besonders kostbar.
Aber nicht jeder Mann oder jedes Familienober-

**41 Das Prunkgrab von Leubingen (Thüringen) (vgl. Abb. 45) war von einem mächtigen, zuletzt im Mittelalter erhöhten Grabhügel bedeckt, der nach der Ausgrabung wieder aufgeschüttet wurde und heute ein eindrucksvolles Denkmal in der Landschaft darstellt.**

haupt trug ein Schwert. Selbst innerhalb größerer Gemeinschaften, die sich aus mehreren Familien zusammensetzten und ein Gräberfeld belegten, zeigt sich die privilegierte Stellung des Schwertträgers und seiner Familie. Offenbar wurde zeitweise dieser Rang »vererbt«, teilweise mit dem Schwert. Im mittelfränkischen Gräberfeld vom Behringersdorfer Forst bei Nürnberg läßt sich die Bandbreite der sozialen Position des Schwertträgers aufzeigen: Auf einer langgestreckten Düne waren zwölf zumeist reich ausgestattete Gräber angelegt, zwei davon mit Schwertern. Das eine Grab lag innerhalb, das andere abseits dieser Gräbergruppe.

Das Schwert als Indikator der sozialen Stellung seines Besitzers rangiert noch vor dem Gold und anderen wertvollen Beigaben. Fast alle Schwertgräber zeichnen sich durch reichere Beigaben aus. Hinzu kommen weitere Nah- und Fernwaffen, Geräte wie Messer oder Rasiermesser und ab einem bestimmten Zeitabschnitt auch Metallgefäße. Dabei gibt es innerhalb dieser Gruppe Abstufungen, die vermutlich auch mit einer realen Abstufung in den Funktionen der Schwertträger korrelierten. Gemeinhin werden diese Männer als Krieger, Häuptlinge oder – neuerdings – »big men« bezeichnet.

Schon gleich zu Beginn einer voll ausgeprägten Bronzezeit kam es im Bereich der wichtigsten frühbronzezeitlichen Kulturgruppe Mitteleuropas, der Aunjetitzer Kultur, zur Herausbildung großer gesellschaftlicher Unterschiede. In Mitteldeutschland wurden einige sogenannte »Fürstengräber« geborgen wie Helmsdorf, Leubingen und Dieskau, die reiche Goldbeigaben aufweisen (Abb. 41. 45). Man vermutet, daß der wirtschaftliche Hintergrund dieses Reichtums auf der Ausbeutung oder Kontrolle der Kupfer- und Salzlagerstätten beruhte. Auch besonders reiche Metallschätze sind dieser Führungsschicht zuzurechnen (Abb. 42), die sich durch das Tragen von Prunk- und Zeremonialwaffen, wie z. B. Vollgriff- und Stabdolchen, auszeichnete. In der darauffolgenden Hügelgräberbronzezeit und in der älteren Bronzezeit Norddeutschlands sind diese krassen Unterschiede nicht mehr faßbar. Es zeichnet sich eine breite Schicht wohlhabender Männer und Frauen ab; es gelingt kaum, eine niedrigere Gesellschaftsschicht, die es gegeben haben wird, archäologisch zu fassen. Erst in der Jungbronzezeit kam es wieder zu einer schärferen vertikalen und horizontalen Differenzierung der Gesellschaft, wenngleich die Verbrennung der Toten samt ihrer Habe nivellierend wirkt. Die jungbronzezeitliche »Oberschicht« wird vor allem durch die Schwertträger, Reiter und Wagenfahrer gekennzeichnet, so besonders in Süddeutschland. In der Lausitzer Kultur fehlen diese Elemente; hier sind am reichsten solche Gräber ausgestattet, die Messer als Beigaben führen. Gegen Ende der Bronzezeit lassen sich über Deutschland hinweg einige sehr reich ausgestattete Gräber fassen, die im Süden und Norden durch männliche Beigaben, in der Mittelzone durch weibliche Beigaben gekennzeichnet werden. Besonders erwähnt werden muß das soge-

**42 Zu dem reichen frühbronzezeitlichen Fundniederschlag um Halle a. d. Saale (Sachsen-Anhalt) gehört auch dieser Depotfund von Dieskau, der neben Beilen und Ringen schmale Doppeläxte und Klingen von Stabdolchen als Zeremonialgegenstände enthielt (etwa 1. Viertel des 2. Jt. v. Chr.). Aus derselben Gemarkung stammen ein weiterer Depotfund mit Ringen und Stabdolchen sowie ein Beil und Armschmuck aus Gold, die wahrscheinlich aus einem Grab ähnlich dem von Leubingen (Abb. 45) stammen. Alle diese Funde bezeugen eine Konzentration von gesellschaftlicher Macht auf engem Raum.**

**43 Zu den bedeutendsten Gräbern Mitteleuropas zählt das spätbronzezeitliche »Königsgrab« von Seddin (Brandenburg), von dessen Beigaben eine Auswahl hier abgebildet ist: Rasiermesser, Pinzette und eine sog. Lanzette (L. 17 cm) als Bestandteile des Toilettegerätes sowie drei kleinere Bronzegefäße. Etwa 9./8. Jh. v. Chr.**

nannte Königsgrab von Seddin, Kr. Perleberg, das zu den reichsten jungbronzezeitlichen Gräbern Mitteleuropas gehört (Abb. 43).

Der Reichtum dieser Oberschicht beruhte sicherlich auf unterschiedlichen Voraussetzungen. Überschüsse in der Landwirtschaft – sei es an Getreide oder Vieh –, eine Kontrolle über die Gewinnung und Verteilung von begehrten Rohstoffen sowie über wichtige Geländepunkte, aber auch die Herrschaft über viele Menschen kommen als Erklärungsmöglichkeiten in Frage. Daß diese Oberschicht in der Lage war, über viele Leute Autorität auszuüben, zeigen die aufwendigen Befestigungen, zu deren Errichtung Hunderte von Arbeitern benötigt wurden.

Aber auch im wirtschaftlichen Bereich fand in der Bronzezeit eine stärkere Gliederung statt. Ganze Gruppen oder auch Einzelpersonen richteten sich auf spezielle Tätigkeiten aus. Die bergmännische Gewinnung und Verarbeitung von Buntmetallen erforderte Spezialisten mit entsprechenden Erfahrungen; vielleicht wurden diese Gruppen zeitweise von anderen mit landwirtschaftlichen Gütern versorgt. Auch bei der seit der frühen Bronzezeit nachweisbaren Salzproduktion müssen größere Menschengruppen periodisch der Nahrungsmittelproduktion entzogen und von der Gemeinschaft unterhalten worden sein. Es existierten sicherlich in einigen Regionen nebeneinander bzw. ergänzten sich Siedlungen, die überwiegend landwirtschaftlich ausgerichtet waren mit solchen, in denen überwiegend Handwerk betrieben wurde.

Besonders im Bereich des Metallhandwerkes kam es zu einer weitgehenden Arbeitsteilung. Nicht nur das sehr differenzierte und ausgefeilte Repertoire der Werkzeuge und Geräte legt diese nahe, sondern gerade das Aufkommen von sogenannten Handwerkergräbern. In ihnen fanden sich Gerätschaften, die mit der Herstellung und Weiterverarbeitung zu tun haben, wie z. B. Tondüsen (Abb. 29) und Gußformen, Barren, Hämmer oder Meißel usw. Dabei ist entscheidend, daß fast alle Sparten voneinander getrennt in den Gräbern vorkommen, es also kaum Alleskönner gab. Ob wir an »Berufshandwerker« denken dürfen, ist umstritten, sicher gab es einige Kunsthandwerker, die für die jeweilige Oberschicht arbeiteten und deren Arbeiten begehrt waren. Diese waren sicherlich auch recht mobil, ähnlich wie die Personen, die sich auf den Austausch und die Vermittlung von Gütern spezialisierten, die wir gerne, wenn auch unscharf, als »Händler« bezeichnen.

# Der Weg ins Totenreich – Bestattungs- und Beigabensitten

VON WOLF KUBACH

Mit dem Tod und der Grablegung eines Menschen verband sich auch in der Bronzezeit eine Vielfalt von Vorstellungen und rituellen Handlungen, die nur teilweise ihren Niederschlag in den uns überlieferten materiellen Zeugnissen fanden. Bestimmend für Grabbau, Bestattungsart und Grabausstattung waren einerseits die jeweils herrschenden Jenseitsvorstellungen, andererseits das Bestreben, die gesellschaftliche Stellung des Verstorbenen wie seines Familienverbandes darzustellen. Die Untersuchung von Bestattungssitten läßt eine Vielfalt von nebeneinander bestehenden Ausprägungen erkennen, für die hier nur einige Tendenzen aufgezeigt werden können.

Am Anfang der frühen Bronzezeit wurden die Toten in Süddeutschland unverbrannt zumeist in Flachgräbern beigesetzt. In der Regel liegen sie mit angezogenen Knien und vor dem Oberkörper angewinkelten Armen auf der Seite in sogenannter Hockerstellung. In einigen Landschaften läßt sich eine strenge Bindung von Geschlecht und Totenlage erkennen: Frauen wurden in der Regel auf der rechten Seite mit dem Kopf im Süden, Männer dagegen auf der linken Seite mit dem Kopf im Norden beigesetzt (Abb. 44). Die in beiden Fällen gleiche Blickrichtung nach Osten läßt sich vielleicht mit der aufgehenden Sonne in Verbindung bringen. Die unterschiedliche Ausrichtung von Männern und Frauen könnte ein Hinweis auf eine Gesellschaft sein, in der die Geschlechter auch zu Lebzeiten deutlich voneinander getrennte Bereiche hatten, sie könnte aber auch mit heute nicht mehr erkennbaren religiösen Vorstellungen zusammenhängen. Zur Grabausstattung gehören vor allem

**44 Männergrab aus einem frühbronzezeitlichen Flachgräberfriedhof bei Remseck-Aldingen nördlich von Stuttgart (etwa 1. Viertel 2. Jt. v. Chr.). Der Tote war in Hockerstellung, auf der rechten Seite in Nord-Süd-Richtung liegend, beigesetzt und hatte u. a. eine dreieckige Dolchklinge als Beigabe. Ein Steinbau schützte den vergangenen Baumsarg, dessen Verkeilsteine erkennbar sind.**

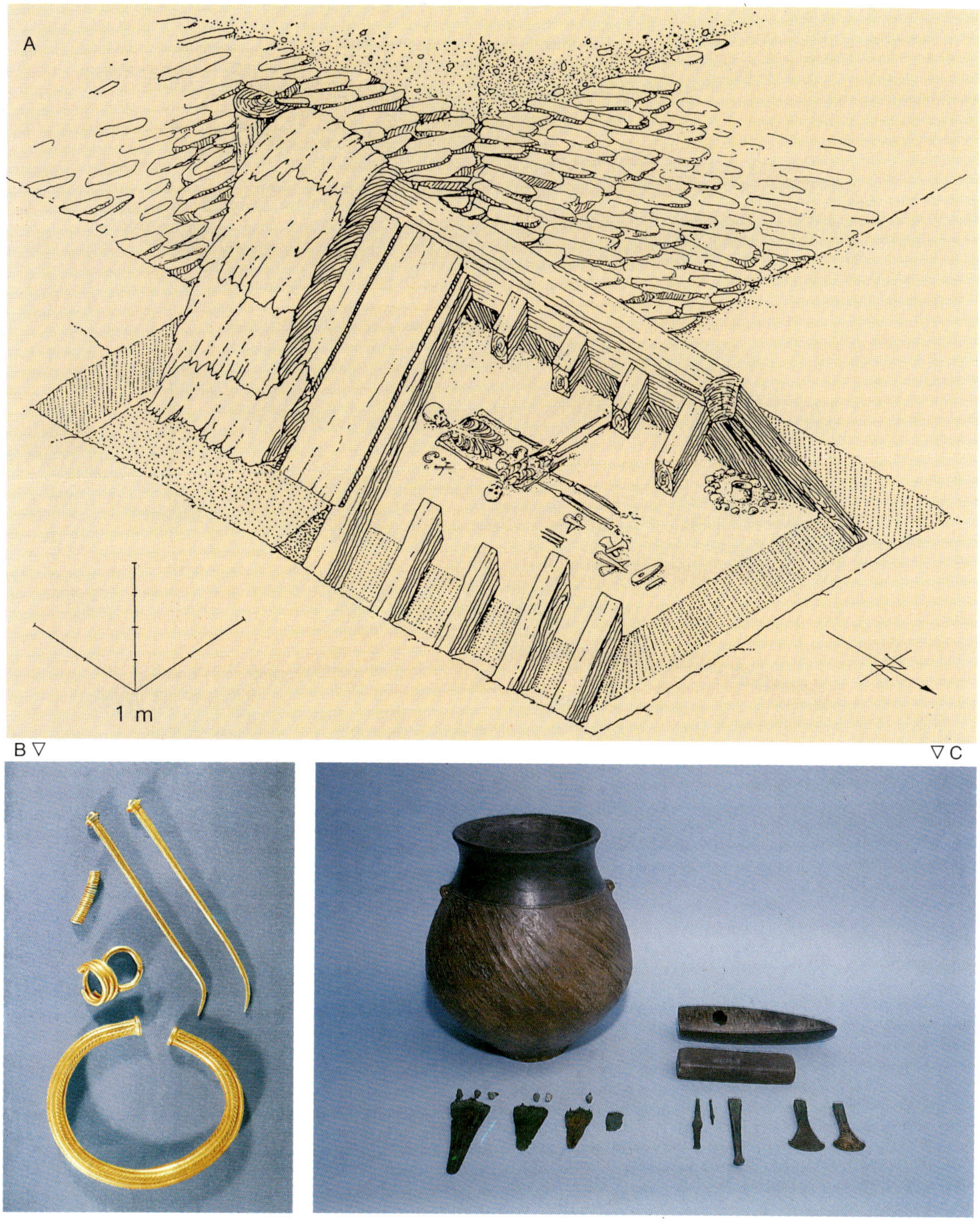


**45 Bei Leubingen nördlich von Erfurt fand sich an der Basis eines riesigen Grabhügels (Abb. 41) unter einem Steinkegel eine hölzerne Totenhütte, deren Dach mit Kalkmörtel und einer Schilfschicht abgedeckt war. Das zum Bau benutzte Holz stammt von einem um 1900 v. Chr. gefällten Baum. In der Hütte waren ein älterer Mann und, quer über ihm liegend, ein etwa zehnjähriges Kind bestattet. Schmuck, Waffen und Geräte aus Gold, Bronze und Stein waren rechts neben dem Mann verteilt, in einer Ecke der Hütte stand ein Tongefäß. – A Rekonstruktion der Totenhütte (von S. Piggott nach P. Höfer). – B Goldschmuck (L. der Nadeln etwa 10 cm). – C Tongefäß sowie Waffen und Geräte aus Bronze bzw. Stein (L. der Steinaxt 31 cm).**

Tongefäße, Schmuck und Trachtzubehör aus Kupfer oder Knochen bzw. Geweih sowie kleine Dolchklingen und Pfeilspitzen.
In Mitteldeutschland, das in der frühen Bronzezeit zum Verbreitungsgebiet der Aunjetitzer Kultur gehörte, herrschen Flachgräber mit unabhängig vom Geschlecht der Toten nord-südlich ausgerichteten Hockerbestattungen vor. In einer älteren Phase enthalten sie fast nur Tongefäße, in einer jüngeren gibt es daneben auch Gräber mit Bronzebeigaben, vor allem Nadeln. Einige Grabfunde aus dem Gebiet südlich und östlich des Unterharzes heben sich durch teilweise mächtige Grabhügel (Abb. 41), aufwendigen Grabbau und reiche Ausstattung heraus. Bei dem Grab von Leubingen (Abb. 45) findet sich zudem mit dem quer über einem älteren Mann beigesetzten Kind ein Hinweis auf »Totenfolge«. Alle Schmuckstücke waren neben dem männlichen Toten niedergelegt worden, sind

**46 Bronzezeitlicher Grabhügel von Gowens in Ostholstein, südöstlich von Kiel.**

also nicht in ihrer Funktion als Trachtbestandteil, sondern als »Beigaben« im strengen Sinn ins Grab gelangt. Da sie zudem aus Gold waren, sollten sie wohl ebenso wie die teilweise zwei- und dreifache Beigabe der Waffen und Geräte, unter denen eine Stabdolchklinge und eine Steinaxt besonders auffallen, die herausgehobene gesellschaftliche Stellung des Toten betonen. Die Forschung bringt gesellschaftliche Stellung und Reichtum der in diesen »Fürstengräbern« Bestatteten teils mit der frühbronzezeitlichen Salzgewinnung in Mitteldeutschland, teils mit der aufgrund lagerstättenkundlicher Überlegungen vermuteten, bisher aber für diese Zeit archäologisch nicht nachgewiesenen Kupfergewinnung um den Unterharz in Verbindung. Dazu könnte ein als Hammer, Amboß oder Schleifstein gedeuteter »Kissenstein« in dem Leubinger Grab passen (Abb. 45 C, vor der Steinaxt), der aber auch mit der Goldverarbeitung zusammenhängen mag.

Mit dem Übergang von der frühen zur Mittelbronzezeit setzte sich weitgehend die Körperbestattung unter Grabhügeln durch, die der vom Alpenrand bis in die Lüneburger Heide verbreiteten bronzezeitlichen Hügelgräberkultur den Namen gegeben haben. Diese Bestattungsform bestimmt ebenso die gleichzeitige, in Formenschatz und Ausstattung jedoch eher nach Südskandinavien tendierende Kultur im westlichen Ostseegebiet (Abb. 46), während im Bereich der frühen Lausitzer Kultur Mittel- und Ostdeutschlands daneben Flachgräber weiterhin eine Rolle spielen. Die oft in Gruppen zusammenliegenden Hügel beherrschen im westlichen Ostseegebiet vielfach weithin sichtbar von prominenten Geländepunkten aus die Umgebung und können vielleicht als Markierungen gedeutet werden, mit denen ein Gesellschaftsverband seinen Anspruch auf ein bestimmtes Territorium kennzeichnen und behaupten wollte. Erkennbar ist mancherorts auch ein Bezug zu vermuteten bronzezeitlichen Wegeführungen.

Viele Grabhügel waren von einem Steinkranz eingefaßt, der heute von der auseinandergeflossenen Erde überdeckt ist; auch innerhalb der Hügel ließen sich Spuren kreisförmiger Einbauten aus Stein oder Holz feststellen. Sie sollten wohl ebenso wie Ringgräben die Bereiche der Lebenden und Toten gegeneinander abgrenzen. Auch zu den Gräbern selbst gehören häufig Steineinbauten wie Bodenpflaster, Steinkisten oder das Grab ganz umgebende Steinpackungen. Nachdem der Hügel über der Erstbestattung aufgeworfen war, wurden darin öfter weitere Gräber angelegt, wobei der Hügel durch Erweiterungen oder Anbauten vergrößert werden konnte.

In der mittleren Bronzezeit erfolgten die Beisetzungen überwiegend als Körperbestattungen in gestreckter Rückenlage. Aus erhaltenen Überresten oder Verfärbungen sowie Verkeilsteinen läßt sich die Verwendung von Baum- oder Bohlensärgen erschließen. In norddeutschen Gräbern konnte nachgewiesen werden, daß der Sarg mit einem Fell ausgekleidet oder der Tote in ein Rinderfell gehüllt war. In den Gräbern scheinen vielfach die erhaltenen Trachtbestandteile, Schmuckstücke und Waffen so angeordnet zu sein, wie sie auch im Leben getragen worden sein könnten (vgl. Abb. 50. 56 A. B). Süddeutsche Gräber, in denen extrem lange Nadeln mit der Spitze zum Kopf, mit dem stumpfen Ende dagegen zu den Füßen der Toten weisen (Abb. 56 C), möchte man jedoch ungern als Hinweis auf eine reale Tragweise in der ehemaligen Tracht interpretieren. Zu denken ist eher an eine spezielle Totentracht, bei der man vielleicht bewußt von der eigentlichen Funktion der Nadeln abwich, möglicherweise als Ausdruck von Wiedergängerfurcht. Unterschiede zwischen den Geschlechtern drücken sich in den Gräbern nun nicht mehr in der Orientierung aus, sondern lassen sich an den regelhaften Beigabenkombinationen erkennen, wie sie in den folgenden Kapiteln zur Männer- und Frauenausstattung dargestellt werden. Nach der Menge der Trachtbestandteile und Beigaben läßt sich zweifellos eine gewisse Abstufung erkennen, die man im Sinne einer gesellschaftlichen Gliederung interpretieren möchte (vgl. Abb. 51–53). Insgesamt macht aber die Masse der Gräber, in denen Männer vor allem mit Waffen und Kleidungsbestandteilen, Frauen mit Trachtschmuck beigesetzt wurden – und Keramik vielfach keine hervortretende

**47 Rekonstruktion eines Totenhauses von Grünhof-Tesperhude östlich von Hamburg. In zwei Baumsärgen unterschiedlicher Größe wurden in der Periode III der nordischen Bronzezeit (etwa 13./12. Jh. v. Chr.) eine Frau und ein Kleinkind bestattet. Die Särge standen auf einer oben sorgfältig mit Lehm verstrichenen Steinpackung, darüber war das an der Giebelseite 3,60 m breite Totenhaus errichtet worden. Im Zuge des Bestattungszeremoniells wurden zunächst die Toten in ihren Särgen und danach das Haus verbrannt. Darüber wurde ein Hügel errichtet. – Nach K. Kersten.**

Rolle spielt – einen eher einheitlichen Eindruck, freilich auf vergleichsweise hohem Niveau. Vermutlich fassen wir mit den uns in der Regel alleine überlieferten bronzeführenden Gräbern nur eine Auswahl der ehemaligen Bevölkerung, während uns die große Zahl der nur mit vergänglichen Beigaben ausgestatteten oder auch ganz beigabenlosen Gräber der weniger Privilegierten weitgehend entzogen ist.

Am Ende der Mittelbronzezeit ändern sich in einem gut ein Jahrhundert andauernden Prozeß Bestattungssitten und Grabformen in Mitteleuropa grundlegend; vor allem zeichnet sich weiträumig ein Übergang von der Körper- zur Brandbestattung ab. Dieser Wandel geht mit Veränderungen sowohl der religiösen Vorstellungswelt wie der sozialen Verhältnisse einher, die sich nicht nur in den Grabsitten, sondern auch in einem zeitweiligen Anstieg der Deponierungsfrequenz abzeichnen. Im hessischen Rhein-Main-Gebiet läßt sich dieser weiträumige Vorgang beispielhaft verfolgen. Mittelbronzezeitliche Hügelgräber- wie jungbronzezeitliche Urnenfelderkultur sind jeweils durch charakteristische Grab- und Ausstattungssitten gekennzeichnet, die Zahl der Deponierungen ist relativ gering. In einer Übergangsphase dazwischen, während der Stufe Wölfersheim im 13. Jahrhundert v. Chr., nehmen jedoch die Deponierungen zu, und bei den Gräbern läßt sich ein bezeichnendes Nebeneinander von Altem und Neuem erkennen. So herrschen Körperbestattungen –

**48 Inventar eines jungbronzezeitlichen Urnengrabes aus Borken südlich von Fritzlar (Nordhessen). Das von Steinen umgebene und mit einer Schale abgedeckte Grabgefäß (H. 43,5 cm) stand auf einer Aschenschicht. Es enthielt außer dem Leichenbrand fünf kleine Beigefäße, eine Steinaxt und ein Paar sog. Schleifsteine, dazu verzierte Bronzefragmente von einem nordischen Rasiermesser. Etwa 10. Jh. v. Chr.**

häufig unter Hügeln, aber auch in Flachgräbern – noch vor, die daneben einsetzenden Brandgräber wurden dagegen nie unter Grabhügeln, sondern ausschließlich in Flachgräbern angetroffen. Urnengräber gibt es in dieser Phase noch nicht, doch nimmt die Beigabe von Keramik zu. Geradezu bildhaft deutlich wird der Übergang hier wie andernorts an mannslangen Steinkisten, in denen ausgestreuter Leichenbrand und Beigabenanordnung ein Körpergrab nachzuahmen scheinen.

Nach dem Abschluß dieses regional unterschiedlich verlaufenden Übergangsprozesses herrscht in weiten Teilen Süddeutschlands die nach ihrer Grabsitte benannte Urnenfelderkultur, innerhalb derer es freilich kleinere Teilgebiete gibt, in denen nach wie vor Grabhügel vorherrschen und in der es auch weiterhin einzelne Gräber gibt, die mit ihrer Grabform (etwa große Steinkisten), der Körperbestattung und nicht zuletzt der Beigabe von Waffen ältere Reminiszenzen weiterführen. Gerade diese herausgehobenen Gräber bringt die Forschung mit einer sozialen Oberschicht in Verbindung, die zur Betonung ihrer Stellung konservative Sitten beibehielt. Kennzeichnend für die Masse der nun üblichen Brandgräber ist jedoch ein Rückgang der Metallbeigaben bei gleichzeitiger Zunahme der Tongefäße (Abb. 48). Bisweilen werden ganze Geschirrsätze in das Grab gegeben. Aus Metall gibt es vor allem Nadeln, Armringe, Messer und Rasiermesser; Waffen oder Bronzegeschirr sind selten (vgl. aber Abb. 43. 54).

Große Brandgräberfelder mit zahlreichen Bestattungen bestimmen auch die jungbronzezeitliche Lausitzer Kultur im östlichen Deutschland. Daneben sind dort aber ebenso Grabhügelfelder mit im Extremfall mehreren hundert Hügeln bekannt. Im Norden reicht die Sitte der Flachgräberfelder bis ins südliche Schleswig-Holstein.

In allen Regionen gibt es eine Vielzahl von Ausprägungen der Brandgrabsitte: so kann der aus den Scheiterhaufenüberresten mehr oder weniger sorgfältig ausgelesene Leichenbrand in einer frei im Boden stehenden oder durch Steine geschützten Urne, in einem vergangenen Behältnis aus organischem Material oder nur in einer kleinen Grube beigesetzt worden sein. Beigaben können sowohl verbrannt wie unverbrannt sein, sie können sich inner- oder außerhalb der Urne befinden. Auch Hinweise auf spätere Speiseopfer in die – teilweise seitlich geöffnete – Urne wurden beobachtet.

Eine Besonderheit des westlichen und nordwestlichen Deutschland ist die Einhegung der Gräber mit langovalen oder »schlüssellochförmigen« Gräben, die oft mit komplizierten Pfostenstellungen und Hügeln im Innenraum kombiniert sind. Als Erdbrücken bezeichnete Unterbrechungen der Gräben erlaubten einen Zugang zu dem Innenteil, Scherbenfunde bei diesen Durchlässen werden als Zeugnisse eines mit dem Zerschlagen von Gefäßen verbundenen Rituals während oder nach der Beisetzung gedeutet.

**49 In Kalt bei Koblenz (Rheinland-Pfalz) war in der jüngeren Bronzezeit (etwa 12./11. Jh. v. Chr.) ein Kind abweichend von der in dieser Zeit üblichen Sitte unverbrannt bestattet worden. Neben einem Armring von 3,7 cm Durchmesser und zwei kleinen Tonbechern erhielt es als Beigaben vier teilweise überschliffene, mit einer natürlichen Durchlochung versehene Fossilien, die mit ihrer bizarren Form und den gut erkennbaren Abdrücken von Seelilienstengeln offenbar Aufmerksamkeit erregt und als Amulette gedient hatten.**

Daß mit dem Tod und der Bestattung der Toten eine Fülle von im einzelnen kaum erkennbaren Vorstellungen verbunden war, wurde schon angedeutet. In manchen Gräbern gefundene Amulette (Abb. 49), Tonklappern oder tiergestaltige Gefäße lassen eine weitere Facette dieses komplexen Bereiches aufleuchten.

# Nadel, Schwert und Lanze – Tracht und Bewaffnung des Mannes

VON ISA KUBACH-RICHTER

Über die bronzezeitliche Kleidung wissen wir aus den in Deutschland zutage gekommenen Grabfunden so gut wie nichts, da außer wenigen Gewebefragmenten (vgl. Abb. 36) keine Textilien erhalten sind. Im benachbarten Dänemark haben jedoch in Baumsärgen aus der älteren Bronzezeit einige Kleidungsstücke die Jahrtausende überdauert; sie können als Anhaltspunkte für die Rekonstruktion einer in dem gesamten Gebiet westlich der Ostsee und nach Süden bis zur unteren Elbe hin üblichen Tracht dienen (vgl. Abb. 50).

Demnach trug der Mann in der älteren Bronzezeit als Untergewand entweder ein einfaches rechteckiges Lendentuch mit Gürtel oder einen bis zu den Oberschenkeln reichenden ärmellosen Kittel, der auf einer Schulter mit einem Träger geschlossen und in der Taille mit einem Gürtel zusammengehalten wurde. Als Oberbekleidung diente ein Mantel oder Umhang, der auf einer Schulter – wohl der rechten, damit der Schwertarm frei blieb – mit einer oder zwei Nadeln oder Fibeln (eine Art Sicherheitsnadel) geschlossen wurde. Beide Kleidungsstücke bestanden aus Wollgewebe in Leinenbindung, das durch Walken verfestigt worden war. Zwei Arten von Kopfbedeckungen sind bekannt: eine leichte, aus mehreren Stücken Wollgewebe zusammengenähte Mütze, die in den Grabfunden oft gesondert in einer Schachtel neben dem Bestatteten lag, und eine schwere halbkugelige Kappe oder Haube, aus mehreren miteinander vernähten und durch Walken verfilzten Lagen von Wollgewebe hergestellt und mit einem dichten Flor einzeln aufgenähter Wollfransen besetzt; diese Kappen fanden sich stets auf dem Kopf des Bestatteten. Für die Füße ist aus den erhaltenen Resten eine Art Bundschuh zu erschließen.

Außerhalb Norddeutschlands sowie generell für die jüngere Bronzezeit mit ihrer überwiegenden Brandbestattungssitte gibt es keine Anhaltspunkte für die Zusammensetzung und das Aussehen der Kleidung. In den Gräbern blieben lediglich Ausstattungsteile und Beigaben aus unvergänglichem Material, neben Keramik also in erster Linie Metall, erhalten. Als Trachtbestandteil wird in den Bestattungen der Männer häufig nur eine einzelne Nadel gefunden, die in Körpergräbern meistens schräg auf der Brust oder am Hals liegt. Vermutlich hat sie dort in ähnlicher Weise wie im Norden einen Mantel oder Umhang verschlossen. Öfter liegt die Nadel aber auch an einer anderen Stelle des Grabes, z. B. seitlich neben dem Skelett. Das könnte darauf hindeuten, daß der Tote mit dem Mantel, in dem noch die Nadel steckte, zugedeckt worden war; auch dafür gibt es Beobachtungen in den dänischen Baumsärgen.

Die Bestimmung von Männerbestattungen basiert mangels anthropologischer Untersuchungen häufig auf den beigegebenen Waffen. Bestandteile solcher Waffenausstattungen sind vor allem »Angriffs«waffen: Kurz- und Langschwerter, Dolche, Beile, Stoß- und Wurflanzen, Pfeil und Bogen, von denen jeweils nur die unvergänglichen Teile aus Metall oder Stein (Pfeilspitzen) erhalten blieben. Nur selten lassen sich Holz- oder Lederreste von Dolch- und Schwertscheiden, von Beil- und Lanzenschäften oder Pfeilköchern nachweisen. Gelegentlich wa-

50 Rekonstruktion von Tracht und Bewaffnung eines Mannes der älteren Bronzezeit aus Norddeutschland (etwa 14. Jh. v. Chr.). Grundlage sind die Metallbeigaben (zwei Fibeln, Schwert und Bügel der Schwertscheide, Dolch, Beil, Verbindungsbolzen eines Klappstuhles, dazu ein Tongefäß) aus einem Grabfund von Vaale nordwestlich von Itzehoe (Schleswig-Holstein) sowie in Baumsarggräbern Dänemarks erhaltene Textilien und andere organische Reste. – Entwurf I. Kubach-Richter; Ausführung B. Gies.

ren die Scheidenbeschläge, das Ortband, Ziernägel vom Dolchgriff oder die Befestigung der Beilklinge ebenfalls aus Metall. Auch die zugehörigen Wehrgehänge sind nur teilweise durch Haken, Knebel, Doppelknöpfe und Zierbuckel zu erschließen, wobei die ursprüngliche Funktion dieser Bestandteile im einzelnen häufig nicht näher zu bestimmen ist.

»Schutz«waffen – Schilde, Helme, Panzer, Beinschienen – sind in Grabfunden so gut wie unbekannt. Daß sie benutzt wurden, wird man voraussetzen dürfen, doch waren sie wohl im allgemeinen aus organischem Material. Vereinzelt wurden in charakteristischer Anordnung gefundene Ziernägel als Beschläge eines Holzschildes gedeutet, Helme können aus Leder bestanden haben, und selbst für die schweren, dicken halbkugeligen Kappen aus den nordischen Männergräbern wurde darauf hingewiesen, daß sie einem Schwerthieb hätten standhalten können. Prunkausführungen solcher Schutzwaffen aus Metall sind aus der jüngeren Bronzezeit überliefert, stammen aber durchweg aus Deponierungen (Abb. 60. 80) und spielten wohl eine Rolle im kultischen Leben, bei rituellen Aufzügen und Kampfspielen; im realen Kampfgeschehen waren sie zu fragil und boten keinen hinreichenden Schutz.

Das Tragen von Waffen, die Zusammensetzung der Bewaffnung zu Lebzeiten und die Beigabe der vollständigen oder nur teilweisen Ausrüstung nach dem Tode war einerseits abhängig von Kampfgewohnheiten und folgte andererseits den unterschiedlichsten, von der Gemeinschaft der Lebenden festgelegten Regeln. Änderungen im Verlauf der für die Bronzezeit anzusetzenden eineinhalb Jahrtausende sind ebenso festzustellen wie regionale Unterschiede. Einen Überblick über die Zusammensetzung der in dieser Zeit üblichen Bewaffnung gewinnen wir lediglich aus den Körperbestattungen der älteren/mittleren Bronzezeit. Mit dem Übergang zur Sitte der Leichenverbrennung in der jüngeren Bronzezeit sind auch Änderungen in den Beigabensitten verbunden, die nur noch punktuelle Einblicke erlauben.

Am Beginn der Bronzezeit läßt sich von den oben genannten Waffen allein der Dolch häufiger nachweisen. Da er sowohl in der frühen wie in der mittleren Bronzezeit in manchen Gegenden auch in Frauengräbern gefunden wurde, war er wohl nicht nur Waffe, sondern – und das gilt besonders für die kleineren Stücke – vielfach ein allgemein benutztes Schneidegerät, der Vorläufer des Messers. Vereinzelt vorkommende Pfeilspitzen und sogenannte Armschutzplatten belegen eine Bewaffnung mit Pfeil und Bogen.

In einem fortgeschrittenen Stadium der frühen Bronzezeit setzt in Männergräbern die Beilbeigabe ein, und die Kombination Dolch–Beil ist

**51 Beil und Dolch bildeten in der mittleren Bronzezeit eine in vielen Gegenden übliche Waffenkombination; eine einzelne Nadel verschloß im südlichen Mitteleuropa das Obergewand des Mannes. Grabfund aus einem Hügel im Königswieser Forst beim Bahnhof Mühlthal nördlich von Starnberg (Oberbayern). L. der Nadel 23 cm. Etwa 15. Jh. v. Chr.** ▷

**52 Bei einem Mann höheren sozialen Ranges gehörte in der mittleren Bronzezeit neben Beil und Dolch oft ein Schwert zur Bewaffnung. Die Beschläge der Scheide und der Hakenverschluß vom Wehrgehänge waren aus Bronze. Auch die im Haar getragene Spirale aus Golddraht zeigt die herausgehobene Stellung des Toten. Eine Nadel als Gewandverschluß, Spiralanhänger, Pfriem und Feuersteinabschlag ergänzen die Ausstattung. Grabfund aus Unterbimbach westlich von Fulda (Hessen). L. des Schwertes 49 cm. Etwa 15./14. Jh. v. Chr.** ▷

**53 Golddrahtspiralen aus Schwertgräbern von Unterbimbach und Wolfhagen (Hessen). Etwa 15./14. Jh. v. Chr.** ▷ ▷

**54 Aus dem »Pohlsberg«, einem großen Grabhügel bei Latdorf östlich von Bernburg (Sachsen-Anhalt), stammen u. a. ein oder zwei jungbronzezeitliche Waffengräber (etwa 11. Jh. v. Chr.): In einer Steinplattenkiste stand ein 54 cm hohes tonnenförmiges Tongefäß mit Deckel, das außer kleinen Knochen und Holzsplittern ein Schwert, kleine Ringchen und Doppelknöpfe vom Wehrgehänge, einen Tüllenmeißel, eine Nadel und eine Pinzette enthielt. In einer unmittelbar über der Deckplatte errichteten zweiten, kleineren Kiste fanden sich nur drei Tongefäße und eine Tonplatte, außerhalb und ebenfalls über der Deckplatte drei Lanzenspitzen, deren Schäfte offenbar zu lang für die Unterbringung in einer der Kisten gewesen sind. L. des Schwertes 52 cm.** ▷ ▷

von da an durch die ganze mittlere Bronzezeit hindurch eine charakteristische Waffenausstattung in verschiedenen Teilen Mitteleuropas. Seit dem Beginn der mittleren Bronzezeit begegnen auch Lanzenspitzen in Grabfunden, vor allem jedoch Schwerter, zunächst überwiegend als Kurzschwerter, später als Langschwerter.

Nach Ausweis der Grabfunde waren in den einzelnen älter- bzw. mittelbronzezeitlichen Regionalgruppen unterschiedliche Bewaffnungsmuster gebräuchlich. So war etwa im ganzen Nordischen Kreis, zu dem Schleswig-Holstein gehört, das Schwert die häufigste Waffe, oft kombiniert mit einem Beil (Abb. 50). In der südlich der Elbe angrenzenden Lüneburger Heide fehlt das Schwert weitgehend, stattdessen wurden entweder Beil und Dolch oder Pfeil und Bogen und Dolch benutzt; beide Kombinationen wurden später durch eine Lanzenbewaffnung abgelöst, die auch in Mitteldeutschland (Sachsen-Anhalt, Thüringen) häufig vorkommt und dort bis in die jüngere Bronzezeit üblich war. In Hessen und in den verschiedenen süddeutschen Regionalgruppen kommen neben der Kombination Beil–Dolch (Abb. 51) oft auch nur das Beil oder nur der Dolch vor. Schwerter sind nicht selten,

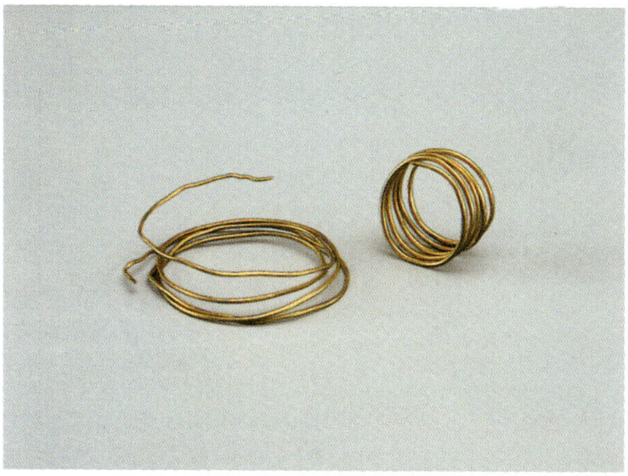

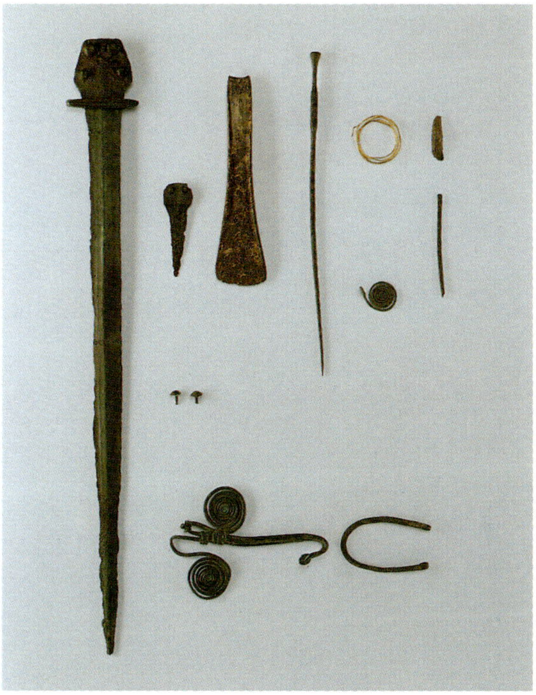

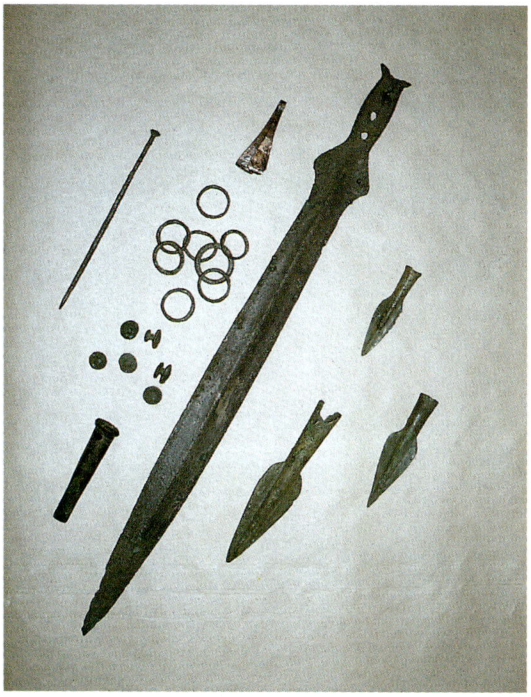

treten aber doch gegenüber den anderen Waffenarten zurück und kennzeichnen offenbar die führenden Persönlichkeiten innerhalb der bereits durch die Waffenbeigabe herausgehobenen Oberschicht. Dabei kann das Schwert alleinige Waffe, aber auch mit Beil und/oder Dolch kombiniert sein (Abb. 52).

In einer Übergangsphase zur jüngeren Bronzezeit ändert sich – mehr oder weniger parallel mit der Übernahme der Brandbestattungssitte – die Waffenausstattung der Gräber. Ob sich damit gleichzeitig auch die Bewaffnung der Lebenden änderte, ist freilich eine vorläufig nicht zu beantwortende Frage; eine »Regelbewaffnung« ist jedenfalls nicht mehr feststellbar. Vor allem verschwindet am Ende der mittleren Bronzezeit das Beil abrupt aus den Inventaren, der Dolch geht etwas langsamer zurück und wird nach und nach durch das Messer ersetzt. Letzteres spricht dafür, daß der Dolch auch vorher schon vielfach die Funktion eines Messers hatte.

Insgesamt verringert sich der Anteil der Waffen enthaltenden Bestattungen am Gesamtbestand der Gräber. Diese wenigen – häufig Doppelbestattungen und/oder in traditioneller Weise als Körperbestattung angelegt – sind dafür oft um so reicher ausgestattet (Abb. 54): das Schwert ist die Hauptwaffe, dazu kommen gelegentlich – manchmal auch als einzige Waffe, besonders in Mitteldeutschland – Lanzen, hin und wieder Pfeilspitzen als Zeugnis von Pfeil und Bogen. Mehrere kleine Ringchen und Doppelknöpfe sind Reste des Wehrgehänges. In den jungbronzezeitlichen Brandbestattungen Norddeutschlands fehlen Waffen nahezu vollständig. Gelegentlich enthalten sie Schwerter oder Dolche im Miniaturformat als symbolische Beigabe.

Durch die ganze mittlere und jüngere Bronzezeit hindurch sind kennzeichnende, wenn auch nicht in allen Gräbern vorhandene Männerbeigaben die der Körper- und Haarpflege dienenden Toilettegeräte: Rasiermesser, Pinzetten, besonders in Norddeutschland auch sogenannte Lanzetten, deren Funktion bislang noch unbekannt ist (Abb. 43).

Außerdem fanden sich in manchen Männergräbern – vorwiegend aus der mittleren Bronzezeit – ein oder zwei zumeist offenbar im Haar getragene Golddrahtspiralen oder -ringe (Abb. 52. 53), öfter auch ein einzelner Armring, der in Norddeutschland gelegentlich ebenfalls aus Gold besteht. Beide Gegenstandsgruppen werden häufig als Schmuck bezeichnet, sind aber eher als Standes- oder Rangzeichen anzusehen und damit in eine Reihe mit anderen Prestigegütern – Klappstühle, Bronzegeschirr, Pferd und Wagen – zu stellen.

# Im Grab erhalten, im Leben getragen – Tracht und Schmuck der Frau

VON ULRIKE WELS-WEYRAUCH

Bereits um die Jahrhundertwende machte man sich Gedanken darüber, wie die bronzezeitlichen Frauen sich kleideten und schmückten und entwarf nach diesen Vorstellungen »heutzutage schon fast grotesk erheiternd wirkende« (H. Koschik) Wandbilder. Zwar wurde dabei zumeist die Fundlage der Bronzegegenstände im Grab berücksichtigt, es wurden aber auch Funde verschiedener Bestattungen kombiniert, und vor allem bei der Rekonstruktion der Kleidung ließ man der Phantasie freien Lauf (Abb. 55).

Inzwischen sind jedoch weitergehende Aussagen zur weiblichen »Tracht« möglich; dabei ist unter diesem Begriff nicht die Rekonstruktion der eigentlichen Kleidung zu verstehen, denn Gewebereste wurden bisher äußerst selten gefunden. Diese unterschiedlichen Stoffteile aus Wolle und Flachs sowie Spinnwirtel, Webgewichte und Nähnadeln bezeugen aber, daß man sich darauf verstand, seine Kleidung selbst anzufertigen. Belegt sind feine Schleiergewebe ebenso wie gewalktes Tuch. Das Färben der Stoffe konnte bislang nicht nachgewiesen werden; eine Verzierung durch unterschiedliche Webmuster oder einen Troddelbesatz ist jedoch ebenso wie die Bemalung mit Farben durchaus denkbar. Zudem muß man sich Kleidungsstücke aus Fellen und Leder oder zusammengeknüpften Pflanzenteilen (ähnlich dem aus Gras geknüpften »Regenumhang« des jüngst gefundenen kupferzeitlichen Gletschermannes vom Hauslabjoch in den Ötztaler Alpen [»Ötzi«]) vorstellen. Zur Tracht gehörten auch andere zum Teil inzwischen vergangene Bestandteile aus organischem Material, wie z. B. Knochen, Federn, Schnüre oder Lederstreifen sowie vielleicht auch Körperfarben und Tätowierungen. Dies alles wird zusammen mit den gold- bis silberfarben glänzenden Bronzeschmuckstücken den Frauen ein recht auffallendes Aussehen verliehen haben. Ein anschauliches Bild vermitteln zeitgleiche ungarische Tonstatuetten mit detailgetreuen Darstellungen von Kleidungs- und Schmuckbestandteilen sowie die in dänischen Baumsärgen erhaltenen Trachten der nordischen Bronzezeit, die beide zur Unterstützung für die Beurteilung der hiesigen Bronzezeittracht herangezogen werden können.

Für eine Trachtuntersuchung kommen in erster Linie geschlossene Funde aus *beobachteten* Körpergräbern mit regelhaft wiederkehrenden Schmuckausstattungen in Frage, in eingeschränktem Maße auch solche aus vergleichbaren Brandgräbern. Bei der Interpretation der einzelnen Ausstattungen sind nicht nur das Geschlecht der Bestatteten, sondern auch Eigentümlichkeiten des Bestattungsbrauches sowie die Möglichkeit von speziellen Festtags- und Sommer- sowie Wintertrachten zu beachten. Ebenso könnte es sich – zumindest zum Teil – um besondere Totentrachten handeln, die zu Lebzeiten nicht getragen werden konnten (s. die Kettenglieder zwischen den sogenannten Bergen [= Ringe oder Manschetten mit Spiralscheibenenden] sowie die überlangen Nadeln in Abb. 56 C). Unterschiede im Umfang und in der Zusammensetzung der Ausstattungen (von extrem »arm« bis extrem »reich«) dürften dabei in erster Linie soziale – eventuell auch altersmäßige – Verhältnisse widerspiegeln, aber auch gebietsspezifische Trachtbesonderheiten (wie z. B. die An-

**55 Historische Trachtrekonstruktion von 1894: Julius Naues »Weise Frau« nach einem mittelbronzezeitlichen Grabfund aus dem Königswieser Forst bei Starnberg (Oberbayern). – Nach H. Koschik.**

**56 Rekonstruktionsvorschläge für Frauentrachten der nordischen Periode III (A) und der süddeutschen Hügelgräberbronzezeit (B, C) nach Grabfunden, in denen die Lage des Schmuckzubehörs beobachtet wurde. – A Lübz südöstlich von Schwerin (etwa 13. Jh. v. Chr.); B »Fremde Frau« von Molzbach nördlich von Fulda (Hessen) (etwa 14. Jh. v. Chr.); C Upflamör südlich von Reutlingen (Baden-Württemberg) (etwa 14. Jh. v. Chr.). – Entwurf U. Wels-Weyrauch; Ausführung B. Gies.**

**57 Rekonstruktionsvorschläge für mittelbronzezeitliche Kopfbedeckungen. – A Lüneburgische Flügelhaube: Bleckmar nordwestlich von Celle (Niedersachsen) (etwa 14./13. Jh. v. Chr.); B Lüneburgische Kappe mit randlichem Besatz: Wardböhmen nordwestlich von Celle (Niedersachsen) (etwa 14. Jh. v. Chr.); C Südthüringische Kappe mit randlichem Besatz und Schleier: Schwarza östlich von Meiningen (Thüringen) (etwa 14. Jh. v. Chr.). – Entwurf U. Wels-Weyrauch, teilweise nach F. Laux; Ausführung B. Gies.**

zahl der üblicherweise mitgegebenen Nadeln oder das Tragen von Bergen am Arm oder am Bein).

Einem gewissen »Modediktat« mußten sich bereits die frühbronzezeitlichen Frauen unterwerfen. Noch besser ist dies aber bei den zahlreichen mittelbronzezeitlichen Bestattungen erkennbar, während sich für die Jungbronzezeit wegen des Wechsels zur Brandbestattung und der deshalb fehlenden Lagebeobachtung der Schmuckstücke zur eigentlichen Trachtausstattung nur noch wenig sagen läßt. Die Tragweise bestimmter Schmuckstücke erlaubt nämlich zum Teil Rückschlüsse auf die Kleidung: auch damals wollte man sicherlich zeigen, was man besaß. Deshalb ist davon auszugehen, daß diejenigen Frauen, bei denen Beinspiralen oder -bergen gefunden wurden, keine knöchel-, sondern nur knie- bis wadenlange Röcke trugen. In manchen dieser Beinbergen wurden Lederreste gefunden, die wohl auf »leggings«-ähnliche Beinröhren schließen lassen (Hosen gibt es erst später!). Die an den Schultern bzw. im Brustbereich getragenen Nadeln steckten verschiedene Stoffteile eines Blusenoberteiles oder eines Umhanges zusammen. Leider lassen weder auf Brust und Rücken getragene Ketten noch Armschmuck auf Halsausschnitte und Ärmellängen schließen, denn selbst die in manchen Gegenden üblichen Oberarmbergen konnten über den Ärmel hochgeschoben werden.

Abgesehen von Blusen, Röcken und Umhängen wurden von manchen Frauen auch Hauben, Kappen, Schleier oder Stirnbänder getragen, nachweislich zumindest in einigen Gebieten ausschließlich von sozial herausgehobenen Frauen (Abb. 57). Schließlich sind auch Sandalen und gamaschenähnliches Schuhwerk belegbar.

Den bronzezeitlichen Frauen stand zur Ausschmückung und Befestigung ihrer Kleidung eine große Anzahl von Schmuckstücken aus Bronze – ganz selten auch aus Gold – zur Verfügung: Hauben oder Stirnbänder waren mit Blechbändern, Blechröhrchen, Spiralröllchen, kleinen Brillenspiralen und Tutuli besetzt; Schleier wurden mit Brillennadeln festgesteckt (Abb. 57 C), Frisuren mit Spiralen, Noppenringen, Blechmanschetten oder Haarknotenfibeln zusammengehalten und die Ohrgegend mit Hakenspiralen oder Blechscheibenanhängern mit umwickelter Drahtöse geschmückt. Am Hals wurden Ösenhalsringe, gerippte Halskragen, Halsbergen mit Spiralenden sowie strichverzierte oder tordierte Halsringe getragen. Ketten und Colliers aus Spiralröllchen, Blechröhrchen, unterschiedlich gestalteten Anhängern (Abb. 58), Blechplättchen mit eingerollten Schmalseiten und große, reich verzierte Blechscheiben sowie kleine Zierscheiben zierten Hals und Brust. Besondere Beachtung verdienen Ketten aus dikken, doppelkonischen oder scheibenförmigen Perlen (Abb. 59) sowie mehrreihige Colliers und Gehänge aus kleineren einzelnen Perlen und kompliziert durchbohrten Schiebern aus baltischem Bernstein (vgl. S. 44), ebenso einzelne Mittelmeermuscheln. Auch die Nadeln wurden zumeist auf der Brust getragen, wo sie Blusenoberteile oder Umhänge zusammenhielten. Konische Blechtüllen könnten, entsprechend den ungarischen Bronzezeittrachten, ebenso wie Teile der großen Anhängercolliers die Rückenpartie geschmückt haben. Der Armschmuck bestand aus Armspiralen, Armringen und -bändern sowie Oberarmbergen, der zum Teil sehr zahlreiche Fingerschmuck aus Spiralen, Ringen und Fingerbergen. Im Gürtel- und Beckenbe-

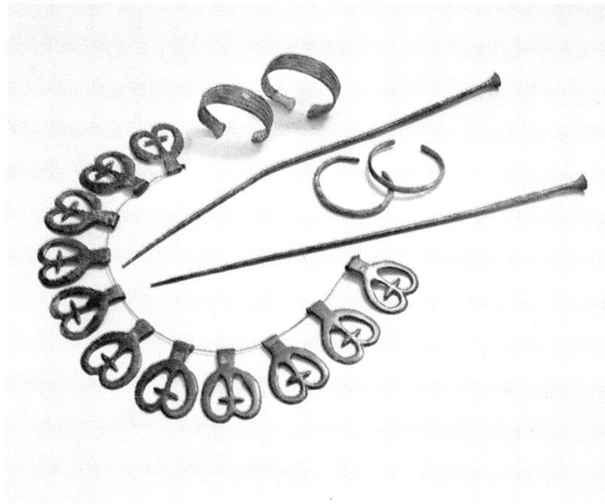

**58 Schmuckausstattung aus einem mittelbronzezeitlichen Grab im Staatsforst Kahr bei Parsberg (Oberpfalz, Bayern). L. der Nadeln ca. 31 cm. Etwa 15./14. Jh. v. Chr.**

**59 Bernsteinkette aus einem mittelbronzezeitlichen Grab bei Schwarza östlich von Meiningen (Südthüringen) (etwa 14. Jh. v. Chr.). Die größte Perle hat einen Durchmesser von ungefähr 5 cm.**

reich wurden Blechgürtel, Gürtelhaken, verschiedene Gürtelscheiben, Tutuli, Radanhänger und Brillenspiralen nachgewiesen, an den Waden Beinbergen sowie ganz selten auch Spiralen. Selbst der Fußbereich war in einigen wenigen Fällen mit Zehenringen und kleinen Spiralscheibenanhängern in der Fersengegend geschmückt, im ersteren Fall wohl ein Hinweis auf zehenfreie Sandalen oder Barfüßigkeit, im zweiten Fall auf die Verzierung des Schuhwerkes.

Ebenso wie sich in der Volkskunde aufgrund bestimmter Besonderheiten zum Beispiel die Oberhessische von der Schwarzwälder Tracht unterscheidet, so läßt sich an der Formgebung der meisten Bronzeschmuckstücke ablesen, aus welchem Trachtbereich sie stammen: So sind etwa sogenannte Lochhalsnadeln mit geschwollenem Hals und Sanduhrmuster in einem bestimmten Zeitabschnitt typisch für die Gruppierung auf der Schwäbischen Alb, die gleichzeitigen Radnadeln hingegen für die Rhein-Main- und die Fulda-Werra-Gruppierung, beim Brustschmuck sind für die letztgenannten Gruppierungen Scheibenanhänger charakteristisch, in der Oberpfälzischen dagegen Herzanhänger und in der Südbayerischen sowie der Alb-Gruppierung Stachelscheiben. Diese gebietsspezifischen Formgebungen bei fast dem gesamten bronzezeitlichen Schmuck belegen, daß er in ansässigen Werkstätten gefertigt wurde. Viele Trachtausstattungen zeigen, daß die Schmuckstücke »zusammen bestellt, gleichzeitig angefertigt und geliefert wurden« (F. Laux), denn oft sind sie gußgleich oder mit denselben Punzen verziert.

Eine für ein Gebiet untypische Form oder gar gänzlich untypische Ausstattung fällt daher besonders auf. Solche Ensembles werden »Fremden Frauen« (bzw. – weit seltener – »Fremden Männern«) zugeschrieben (z. B. Abb. 56 B). Ob diese Schmuckstücke tatsächlich als »Heiratsgut« im Schatzkästlein einer im jeweiligen Gebiet ortsfremden Frau mitgebracht oder von einer Einheimischen aus dem »Musterkoffer« eines Wanderhandwerkers erworben wurde, muß ungewiß bleiben.

# Vergraben, versenkt, verbrannt – Opferfunde und Kultplätze

VON WOLF KUBACH

Weit mehr als in unseren Tagen sah sich der Mensch in vorgeschichtlicher Zeit von ihm unerklärlichen, überlegenen (Natur-)Gewalten abhängig. Das fand seinen Ausdruck auch in Opfern von Gütern oder von Lebewesen, die bei angemessener Darbringung diese Mächte günstig stimmen konnten. In den Befunden und Funden begegnen uns nur noch die dinglichen Überreste solcher Kulthandlungen, die während der Bronzezeit in Mitteleuropa in der Regel in freier Natur und offenbar bevorzugt an exponierten Plätzen stattfanden.

Diese Überlegungen bringen die Deponierungen als eine für die Bronzezeit wesentliche und vieldiskutierte Fundgattung ins Spiel. »Deponierung« ist ein Sammelbegriff für in oder auf dem Boden niedergelegte bzw. im Wasser versenkte Objekte, bei denen es sich nicht um Grabbeigaben oder Siedlungsüberreste handelt. Bestimmt wird unser Bild vor allem von den einzeln oder zu mehreren deponierten Metallgegenständen, die gußfrisch, benutzt, beschädigt oder absichtlich zerbrochen sein können. Steingeräte, Tongefäße bzw. Scherben, Pflanzen, Tiere und Menschen oder Teile davon wurden jedoch ebenfalls deponiert bzw. geopfert.

Die Frage nach den Gründen ist im Einzelfall schwer zu beantworten; die Vielschichtigkeit der ursprünglichen Motive läßt sich allenfalls in Umrissen erkennen. In erster Linie dürfen aber die bronzezeitlichen Deponierungen als Zeugnisse oder Überreste von Kulthandlungen angesprochen werden; sie sind niedergelegt als Opfergaben, als Selbstausstattung für ein wie auch immer gedachtes Jenseits oder auch, um sie nach der Verwendung im Kult vor einer Profanierung (Entweihung) zu bewahren. Bisweilen geben Brandreste oder Beschädigungen noch spärliche Hinweise auf die damit verbundenen rituellen Handlungen. Für umfangreiche Mehrstückdepots – vor allem Metalldepots mit zahlreichen Barren (Abb. 31) oder Brucherz (Abb. 65) – wird jedoch auch eine Erklärung als Schatzversteck in unruhigen Zeiten oder als Vorrat eines Händlers oder Handwerkers erwogen.

Zur Beantwortung der damit verbundenen Fragen hat sich die Forschung in den vergangenen Jahrzehnten verstärkt mit der systematischen Analyse der Fundplätze und der formenmäßigen Zusammensetzung der Deponierungen beschäftigt. Dabei ist deutlich geworden, daß bei aller Vielgestaltigkeit sich doch Regeln sowohl in der Wahl der Deponierungsorte als auch in der Auswahl der deponierten Gegenstände oder der Zusammensetzung umfangreicher Fundkomplexe erkennen lassen. Bestimmte Gegenstandsgattungen sind überhaupt nur oder ganz überwiegend als Deponierungen bekannt, so aus der frühen Bronzezeit Vollgriff- und Stabdolche (Abb. 42. 64. 81), aus der jüngeren Bronzezeit zeremonielle Schutzwaffen aus Metall wie Schilde (Abb. 80) und Helme (Abb. 60), Luren (Abb. 76), Räder und Radfragmente (Abb. 88), manche Formen von Schwertern (Abb. 82), Sicheln (Abb. 25) oder Beile, die fast ausschließlich aus Flüssen und Mooren, Mehrstückdepots oder als sogenannte Einzelfunde zutage kamen. Damit ist zugleich einer Deutung dieser Einzelfunde als verlorenes Gut der Boden entzogen, die bei großen Objekten (z. B. einzeln gefundenen Schwertern) ohnehin unglaubwürdig ist. Bei der Deutung der Deponierungen als Opfergaben darf nicht übersehen werden, daß damit beträchtliche Werte hergegeben wurden und gerade die Metalldeponierungen so auch Rückschlüsse auf den Wohlstand einer Region zulassen.

Nach der Zahl der niedergelegten Objekte werden Einzel- und Mehrstückdeponierungen unterschieden, womit allerdings bestehende Zusammenhänge eher verwischt werden. Denn die mit der Deponierung eines oder einiger weniger Beile verbundenen Vorstellungen dürften untereinander ähnlicher sein als die Verbindungen zwischen einem Depot aus zwei ganzen Beilen

**60 Aus der Lesum, einem kleinen Zufluß der Weser bei Bremen, förderte der Bagger einen 31 cm hohen Bronzehelm der jüngeren Bronzezeit zutage.**

und einem anderen aus zahlreichen, womöglich teilweise zerbrochenen Gegenständen unterschiedlicher Funktion. Die Aussonderung der Mehrstückdeponierungen rührt nicht zuletzt von deren Bedeutung für chronologische Fragen und von ihrer besseren Erkennbarkeit her – je umfangreicher eine Deponierung ist, um so leichter läßt sie sich als solche ansprechen.

Nach der Fundplatztopographie unterscheiden wir Deponierungen vom festen Land und solche aus feuchtem Milieu (Flüsse, Bäche, Seen, Moore, Quellen). Vor allem die Gewässer- und Feuchtbodenfundplätze, aber auch ein Teil der Fundstellen auf festem Land können als naturheilige Orte angesprochen werden, die für Kulthandlungen besonders geeignet erschienen. Ein großer Teil der Land-Fundplätze wirkt auf uns heute allerdings uncharakteristisch, weil ehemalige Besonderheiten, etwa des Bewuchses, vergangen sind. Niederlegungen in einer Felsspalte oder einer Höhle, unter oder nahe einem markanten Stein oder Felsen, auf einem Berggipfel oder nahe einem Paßweg lassen sich jedoch noch erkennen. Deponierungsstellen sind weiterhin Grabhügel sowie Siedlungen, besonders befestigte Höhensiedlungen (vgl. S. 22 ff.).

Bei Grabungen in einer jungbronzezeitlichen nordbayerischen Höhensiedlung, aus der zahlreiche Deponierungen bekannt geworden sind, konnte ein Depot in einer Grube aufgedeckt werden, neben der sich Spuren eines Pfostens zur obertägigen Markierung feststellen ließen. In der Grube fanden sich ein Eberzahn und Reste von Tierknochen, Ringgehänge und zahlreiche runde Bronzeblechscheiben (Faleren) vielleicht vom Pferdegeschirr, weiterhin Beinringe und Knöpfe (Abb. 61). Die Zusammensetzung des Fundes und nicht zuletzt die an den Faleren klappernden menschengestaltigen Anhänger unterstützen die Interpretation als kultische Niederlegung. Ein Depot von drei werkstattfrischen Reibemühlen (Abb. 27) vom Gelände einer befestigten Höhensiedlung über dem Elbtal bei Diesbar-Seußlitz (Sachsen) lag – offenbar in einer tiefen Grube – über einer Ansammlung von Scherben; auch hier läßt sich schwer eine rationale Erklärung finden.

Flußfunde kamen teils bei Ausbaggerungen in den Flußbetten und bei Arbeiten an den Ufern zutage, vor allem in jüngster Zeit stammen sie mehrheitlich aus Kiesgruben entlang der Flüsse. Eine Reihe bevorzugter Flußdeponierungsstellen ist bekannt. Verhältnismäßig viele Funde – ungefähr 250 Bronzen – kamen in dem etwa

**61 Zu den wenigen bei systematischen Grabungen entdeckten Depotfunden gehört der Inhalt einer durch einen Pfahl markierten Grube in der jungbronzezeitlichen Höhensiedlung auf dem Bullenheimer Berg südöstlich von Würzburg (Nordbayern). 63 Bronzeobjekte, vor allem runde Blechzierscheiben (sog. Faleren), teilweise mit anhängendem Klapperschmuck, und Beinringe waren zusammen mit einem Eberzahn und Tierknochen deponiert worden. Die mit zwei menschengestaltigen Anhängern versehene Falere links unten hat einen Durchmesser von 19 cm. Etwa 9./8. Jh. v. Chr.**

14 km langen Rheinbogen bei Mainz zum Vorschein; dagegen lieferte der bei Mainz in den Rhein mündende, etwa 500 km lange Main nur gut 110 Objekte, verteilt auf zahlreiche voneinander getrennte Fundstellen. Verschiedene Plätze mit ganz unterschiedlichem Fundanfall kennen wir auch von der Donau, dem Neckar, dem übrigen Rheinlauf, der Fulda bei Kassel und der Elbe bei Magdeburg sowie von zahlreichen kleineren Flüssen (Abb. 60. 84). Wie die zur

**62 Der Wechsel zwischen offenem Wasser, versumpften und trockenen Flächen mit charakteristischem Bewuchs kennzeichnet die Moore im Voralpenland, aus denen zahlreiche Deponierungen, darunter besonders Nadeln, bekannt sind.**

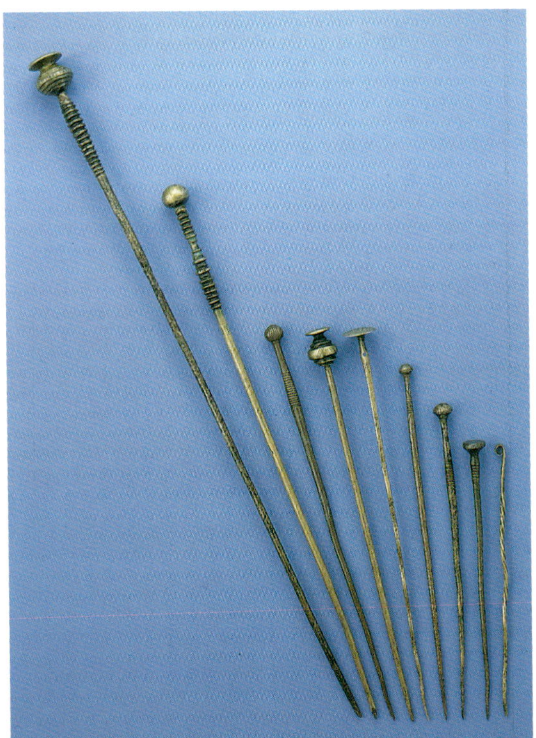

Deponierung am oder im Fluß gewählten Plätze ursprünglich aussahen oder beschaffen sein mußten, läßt sich heute kaum mehr beurteilen. Gelegentlich liegen Besonderheiten der topographischen Situation auf der Hand: Flußeinmündungen (Naab/Donau bei Regensburg, Main/Rhein bei Mainz, Nahe/Rhein bei Bingen, Lippe/Rhein bei Wesel), Felsformationen am Flußufer (Donau bei Weltenburg), Stromschnellen (Rhein unterhalb von Bingen), vielleicht auch über den Fluß aufragende Prallhänge (Altlauf der

**63 In einem Moor bei Ellmoosen nahe Bad Aibling (Oberbayern) wurden in Tiefen zwischen 2 und 1,2 m beim Torfstechen 16 Nadeln gefunden, von denen neun hier abgebildet sind. Am tiefsten lag das in der Mitte abgebildete älteste Stück, eine 21 cm lange Lochhalsnadel vom Anfang der Mittelbronzezeit (15. Jh. v. Chr.). Über einen Zeitraum von etwa drei Jahrhunderten, in dem das Moor langsam höher wuchs, wurden dann an annähernd derselben Stelle weitere Nadeln (oder Kleidungsstücke mit Nadeln?) geopfert. Die jüngsten Stücke stammen aus dem Übergang zur Jungbronzezeit.**

Elbe bei Magdeburg-Salbke). Die Gefährlichkeit des Flusses, Strudel im Wasser, unterschiedliche Färbungen oder ein besonders eindrucksvoller Anblick konnten an derartigen Stellen die Voraussetzung für einen naturheiligen Platz bilden. Zu den vorherrschenden Fundgruppen aus Flüssen gehören Beile, Schwerter und Nadeln.

Nach der Topographie der Fundplätze wie nach der Zusammensetzung stellen die aus Mooren stammenden Funde eine eigene Kategorie dar. Dabei läßt sich nur selten erkennen, ob die Gegenstände in einem Teich oder See versenkt oder auf einer Sumpf- oder Mooroberfläche niedergelegt wurden. Stille Wasserflächen und unheimliche Moore spielen nicht umsonst im Volksglauben eine besondere Rolle, sie dürften auch den bronzezeitlichen Menschen mit ihrer speziellen Stimmung und ihren Gefahren zugleich angelockt und abgeschreckt haben. Die Verteilung der Moorfunde ist von den natürlichen Voraussetzungen abhängig. So kommen zahlreiche Funde aus dem süddeutschen Alpenvorland, wo die Nadeln aus einem Moor bei Ellmoosen (Abb. 63) eine lockere Tradition über wohl drei Jahrhunderte erkennen lassen und es damit als mittelbronzezeitliches Naturheiligtum ausweisen. Auch aus verlandeten Fluß-Altläufen liegen Moorfunde vor; eine Reihe derartiger Fundplätze kennen wir aus der Oberrheinischen Tiefebene etwa zwischen Karlsruhe und dem Untermain. Unter den aus süddeutschen Mooren stammenden Bronzen sind die Nadeln am zahlreichsten; die in Flüssen häufigen Beile und Schwerter treten demgegenüber deutlich zurück. Das läßt erkennen, daß der geistige Hintergrund der Moordeponierungen sich von dem der Flußdeponierungen unterschied; man hat erwogen, ob Opfer von Frauen unter den Moorfunden eine größere Rolle spielten.

Reich an Mooren und anmoorigen Wiesen ist auch die Jungmoränenlandschaft Norddeutschlands. Ein frühbronzezeitlicher Depotfund von Melz (Abb. 64) ist ein Beispiel für eine Mehrstückdeponierung in feuchter Umgebung. Der besondere, am ehesten kultisch zu deutende Charakter wird dabei durch die nur als Würde-

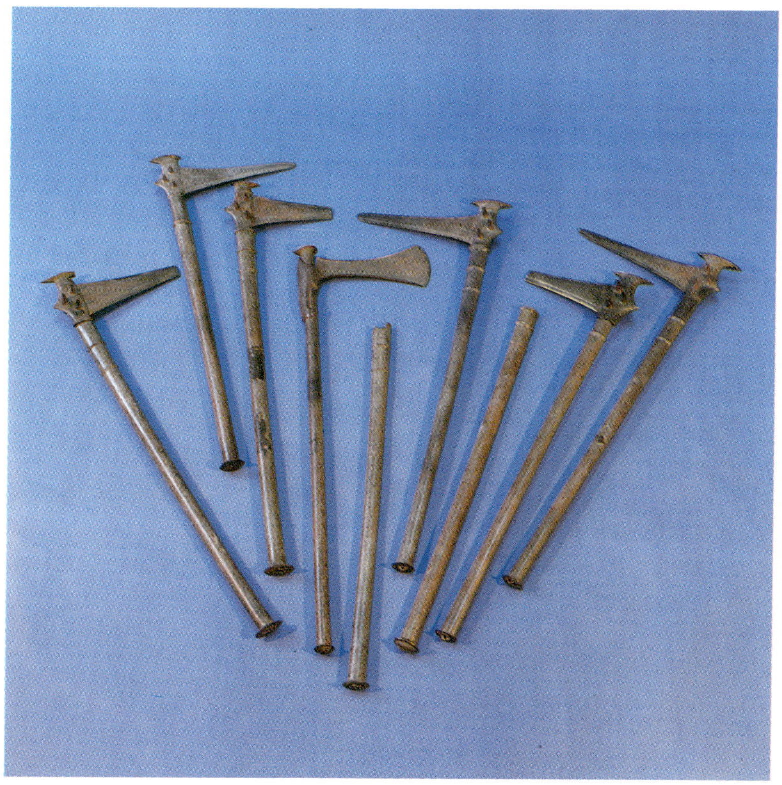

**64 In einer feuchten Wiese kam der frühbronzezeitliche Depotfund II von Melz unweit des Müritzsees (Mecklenburg-Vorpommern) zutage. In 1,75 m Tiefe fanden sich am Übergang von einer Torf- zu einer Feinsandschicht eine Randleistenaxt mit 71 cm langem Bronzeschaft sowie fünf Oberteile von Stabdolchen. Etwa 2 m davon entfernt lagen acht Metallschäfte, von denen sich zwei unmittelbar an Dolchköpfe aus der ersten Fundgruppe anpassen ließen. Ein sechster Dolchkopf wurde später ausgepflügt. Radiokarbondatierungen der in den Schäften erhaltenen Holzkerne legen eine Datierung in das 22.–20. Jh. v. Chr. nahe.**

**65 Bei Rodungsarbeiten in der Nähe von Friedersdorf nordöstlich von Dresden wurde ein umfangreiches, ganz überwiegend aus Brucherz bestehendes Depot vom Beginn der Jungbronzezeit (etwa 13./12. Jh. v. Chr.) freigelegt. Auf Verbindungen zu weit entfernten Gebieten deuten ein wohl aus Norddeutschland stammendes Absatzbeil (unterhalb der Bildmitte; L. knapp 18 cm), eine Nadel mit kugeligem Kopf aus dem Rhein-Main-Gebiet und ein Schwertbruchstück, das am ehesten in Frankreich beheimatet ist.**

zeichen, Zeremonialgerät o. ä. zu interpretierenden beilartig geschäfteten Stabdolche unterstrichen (s. S. 75). Ein weiterer frühbronzezeitlicher Feuchtboden-Depotfund vom gleichen Fundort enthält neben Ringen einen Tüllengriffdolch mit breiter Klinge (Abb. 81), der ebenfalls kaum für eine praktische Verwendung geeignet war.

Deponierungen von Metallgegenständen gibt es während der gesamten Bronzezeit, allerdings schwankt ihre Häufigkeit erheblich. Sie setzen in der älteren Frühbronzezeit mit zahlreichen Einzel- und Mehrstückdeponierungen ein, die u. a. die zunehmende Bedeutung der Metallgewinnung und -verarbeitung dokumentieren (Abb. 31. 42). Während der Mittelbronzezeit mit ihrer eher ruhigen Kulturentwicklung geht die Menge der Deponierungen zurück; eine Zunahme kennzeichnet dann wieder den Übergang zur jüngeren Bronzezeit. Dieser Phase gehört zum Beispiel der größte Teil der aus der nördlichen Oberrheinebene bekannten Moorfunde an, aus Süd- und Mitteldeutschland kennen wir eine Reihe gleichzeitiger umfangreicher Mehrstückdepots, die sich durch einen hohen Anteil an zerbrochenen Gegenständen und durch einen mehr oder weniger großen Anteil an Fremdformen auszeichnen (Abb. 65). Darin spiegeln sich die weitreichenden Beziehungen in dieser Zeit des Umbruchs wider, der seinen Ausdruck ebenso in der Zunahme der Deponierungen wie in dem an anderer Stelle beschriebenen Wandel der Grabsitten findet (s. S. 52 f.).

Eine große Zahl von Deponierungen, darunter zahlreiche Mehrstückdepots, kennzeichnet auch die Endstufe der Jungbronzezeit, wobei die ganz unterschiedliche Häufigkeit in den einzelnen Landschaften auffällt und mit Überlegungen zur Verkehrs- oder wirtschaftlichen Bedeutung – etwa des Rhein-Main- oder des Odermündungsgebietes (von dort Abb. 86 A) – verbunden wird. Übereinstimmungen im Formenschatz zeugen von intensiven interregionalen Kontakten. Während Grabfunde mit Waffen in dieser Zeit eher selten sind, ist eine größere Zahl von Waffen einzeln oder auch zu mehreren deponiert worden (Abb. 66. 83). Die bewußte Auswahl läßt auf bestimmte damit verbundene Vorstellungen schließen. Einen auffällig einheitlichen Eindruck machen die Brucherzdepots in Teilen Südwestdeutschlands, besonders dem Rhein-Main-Neckar- und dem Saar-Mosel-Gebiet; sie erwecken den Anschein, als seien sie, womöglich unter dem Eindruck von Änderungen der religiösen Vorstellungen, innerhalb kürzerer Zeit zusammengetragen und dann mehr oder weniger gleichzeitig deponiert worden – vielleicht, um sie vor einer Profanierung zu bewahren. Man denkt hier an einen Zusammenhang mit dem Übergang zur eisenzeitlichen Hallstattkultur im südlichen Mitteleuropa und den damit verbundenen sozialen, wirtschaftlichen und religiösen Veränderungen. Die nachfolgende ältere Eisen-

66 Beim Neubau einer Chaussee südlich von Kehmstedt bei Nordhausen (Thüringen) fanden sich frei im Boden liegend sieben Schwerter und eine Lanzenspitze, alle mit der Spitze in dieselbe Richtung weisend. Das wohl als Weihung an eine höhere Macht zu deutende Waffendepot gehört an das Ende der Bronzezeit (etwa 9./8. Jh. v. Chr.). Das längste Schwert mißt 76 cm.

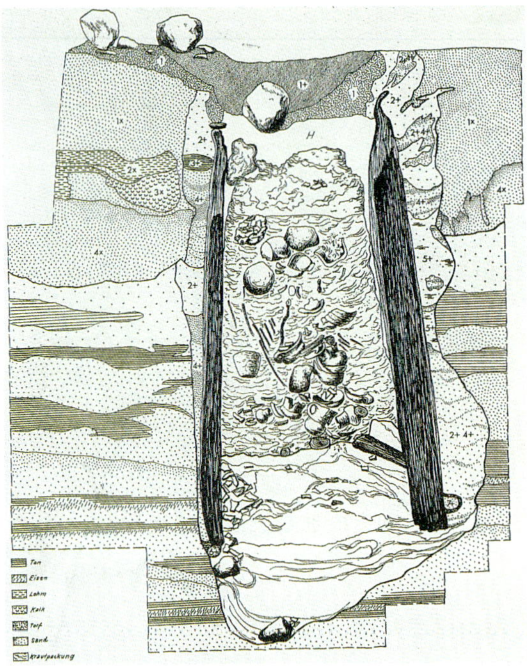

A

B

C ▽

**67** In Berlin-Lichterfelde wurde ein jungbronzezeitlicher Brunnen ausgegraben, der nach dem Versiegen als Opferschacht benutzt worden war. Die Brunnenfassung, ein etwa 1,5 m hoher ausgehöhlter Eichenstamm, hatte zuvor möglicherweise als Bienenstock gedient. In der untersten Schicht fanden sich Scherben von vielleicht beim Wasserschöpfen verlorengegangenen Gefäßen. Oberhalb davon waren über einem Holzgerüst zahlreiche, durch Graspolster geschützte Tongefäße neben- und übereinander abgestellt worden, von denen die meisten Pflanzenreste enthielten. –

A Schnitt durch den Brunnen (nach A. v. Müller). –
B Brunnenfassung. –
C Tongefäße aus dem oberen Teil der Füllung. Das hohe Henkelgefäß ganz hinten hat einen Mündungsdurchmesser von 9 cm.

**68 Die Höhlen am Südhang des Kyffhäuser bei Bad Frankenhausen (Thüringen) enthielten umfangreiche Überreste von Kultmahlzeiten und Opferhandlungen aus der frühen, mittleren und jüngeren Bronzezeit. Zu den mittelbronzezeitlichen Funden gehören neben vielen Menschen- und Tierknochen, Getreidekörnern und weiteren Bronzen auch vier Radnadeln (etwa 15.–14. Jh. v. Chr.).**

zeit ist dann in Süddeutschland durch die Seltenheit von Metalldeponierungen gekennzeichnet. Häufiger mit organischen Resten verknüpft sind Keramikdeponierungen. Wohl noch in der Mittelbronzezeit setzen im Einzugsbereich der Donau sogenannte Brandopferplätze ein, Aufschüttungen aus Aschenschichten mit verbrannten Überresten von Tierknochen und Tongefäßen. Das Verbrennen von Opfergaben und das Deponieren der Überreste waren offenkundig Teile von Kulthandlungen, die vielfach an exponierten Geländepunkten, etwa auf Bergkuppen, ausgeführt wurden. Derartige Brandopferplätze haben eine lange Tradition und lassen sich bis in die Eisenzeit hinein verfolgen. Zur Interpretation wird auf – freilich jüngere – Beschreibungen und Befunde griechischer Heiligtümer zurückgegriffen.

Zahlreicher sind Deponierungen ganzer Gefäße, die nebeneinander oder ineinander niedergestellt wurden – seltener an abgelegenen Plätzen, öfter im Siedlungsbereich, mehrfach auch im Zusammenhang mit Gräberfeldern, womit der häufiger zu vermutende Zusammenhang zwischen Deponierungssitten und Grabkult deutlich wird. In einigen Fällen gibt es Hinweise darauf, daß die Gefäße Speisen enthielten. Ein besonderes Beispiel bietet der Brunnen von Berlin-Lichterfelde mit den in der Röhre des zu dieser Zeit wahrscheinlich schon versiegten Brunnens niedergestellten Gefäßen, in denen Birken- und Weidenkätzchen, Lindenblüten, Getreide, Melde und Gewürze nachgewiesen wurden (Abb. 67).

Als spezielle Plätze für sakrale Deponierungen und Opfer seien die Höhlen, besonders die nicht begehbaren Spalthöhlen, erwähnt. Inwieweit besser zugängliche Höhlen auch zu profanen Zwecken – als Refugium bei Gefahr, als zeitweilige Unterkunft für Jäger – aufgesucht wurden, muß im Einzelfall untersucht werden und ist bislang in der Forschung umstritten. Auch die Verbreitung der Höhlenfundplätze ist von den natürlichen Voraussetzungen abhängig. Zeugnisse bronzezeitlicher Opferhandlungen kennen wir aus dem Ith südwestlich von Hildesheim, aus dem Südharzgebiet und dem Kyffhäuser (Abb.

68), von der Schwäbischen und in besonders großer Zahl von der Fränkischen Alb. Anders als bei den bisher erwähnten Deponierungsorten spielen dabei Menschenopfer eine wesentlich größere Rolle, wobei mehrfach Überreste von Kindern, Jugendlichen und Frauen vorherrschen. Beschädigungen an den Skeletteilen deuten auf kannibalische Riten, bei denen Knochen zusammen mit wohl in diesem Zusammenhang benutzten Gefäßen in den Höhlen deponiert wurden. Auch Tierknochen und Pflanzenreste wurden gefunden, an Sachgütern außerdem Trachtzubehör und Schmuckstücke, von denen ein Teil wohl unmittelbar mit den menschlichen Opfern in die Höhlen gelangte.

Schließlich kennen wir auch Kultplätze, von denen kaum ein Fundniederschlag vorliegt. Dazu gehören in Norddeutschland Gruppen und – manchmal über 100 m lange – Reihen von Feuerstellen, deren zeitliche Einordnung in die ausgehende Bronze- und beginnende Eisenzeit erst mit Hilfe der Radiokarbondatierung gelang. Diese Plätze liegen abseits von Siedlungen und Gräberfeldern durchweg in Wassernähe; die meist rundlichen Feuerstellen enthalten schwarze Branderde sowie zahlreiche Steine, die dem Feuer ausgesetzt waren, aber nur wenige Funde. Da Hinweise auf Herdstellen oder Leichenverbrennungsplätze fehlen, kommt eine praktische Deutung wohl kaum in Betracht.

Unser kursorischer Überblick läßt die Vielfalt bronzezeitlicher Deponierungs- und – damit vielfältig verknüpft – Opfersitten erkennen. Wesentlich schwieriger ist es, den dahinter stehenden Sinn konkret zu erfassen. Analogien zu antiken Kulturen oder aus der Völkerkunde können hier gelegentlich Hinweise geben; letztlich wird uns aber verschlossen bleiben, welche Gedanken und Gefühle die Menschen bewegten, die an einem See opferten oder an einem Kultmahl vor einem Höhleneingang teilnahmen.

# Bilder, Amulette, Kultgerät

VON WOLF KUBACH

Zum bronzezeitlichen Fundgut gehören auch Darstellungen und Gegenstände, die sich als bildlicher Ausdruck religiöser Vorstellungen, als Symbolgut, Amulette oder Kultgeräte deuten lassen. Sie unterstreichen erneut die Bedeutung der Religion für den bronzezeitlichen Menschen, können daneben aber auch den Charakter von Statussymbolen gehabt haben.
Bisher singulär ist nördlich der Alpen eine bei Tübingen gefundene frühbronzezeitliche Stele mit fünf eingemeißelten Stabdolchen (Abb. 69). Stabdolche haben breite, wie bei einer Axt quer geschäftete Klingen und dürften für eine praktische Verwendung als Kampfwaffe wegen ihrer geringen Stabilität wenig geeignet gewesen sein. Meist sind nur die Klingen erhalten, nur im nordöstlichen Mitteleuropa gibt es auch Exemplare mit gegossenem Metallschaft. Stabdolche sind in unterschiedlicher Dichte fast europaweit verbreitet, nördlich der Alpen handelt es sich vorzugsweise um Deponierungen (Abb. 42. 64), selten stammen sie aus – meist reich ausgestatteten – Gräbern (Abb. 45 C, vorne rechts). Sie gelten als Kultgeräte und/oder Würdezeichen, wobei sicherlich in der Person des Trägers priesterliche Funktion und herausgehobene gesellschaftliche Stellung zusammenfallen konnten. Die Herstellung der Tübinger Stele aus örtlichem Sandstein spricht dafür, daß Stabdolche auch in Südwestdeutschland eine größere Rolle spielten, als es der überlieferte Fundstoff erkennen läßt: Nur eine einzige Klinge kam dort bisher als Flußfund aus dem Neckar bei Rottenburg zutage. Unbekannt ist, zu welchem Zweck die Stele angefertigt wurde, ob sie etwa zu einem Kultplatz gehörte oder als Grabmal diente.

**69 In Tübingen-Weilheim (Baden-Württemberg) wurde bei Bauarbeiten eine ehemals etwa 4,5 m (jetzt 4,25 m) hohe, antik in zwei Teile zerbrochene Stele gefunden. Sie trägt auf einer Seite in flachem Relief Darstellungen von fünf Stabdolchen und einem ovalen bogen- oder scheibenförmigen Motiv, auf der Rückseite zahlreiche näpfchen- und rillenförmige Vertiefungen. Der verwendete Sandstein stammt aus der Umgebung der Fundstelle. Das Bild zeigt eine in der Nähe aufgestellte Nachbildung.**

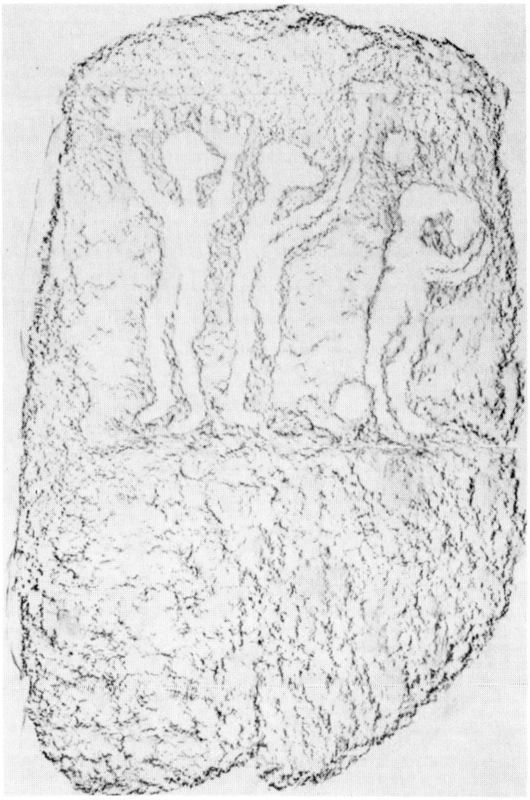

**70 Bei der unsachgemäßen Abgrabung eines Grabhügels bei Anderlingen im nördlichen Niedersachsen wurde eine rechteckige Steinplattenkiste mit den Resten einer Körperbestattung der älteren nordischen Bronzezeit aufgedeckt. Der etwa 70 cm breite Schlußstein an der südwestlichen Schmalseite der Kiste trägt auf der Innenseite eingepickte bildliche Darstellungen – u. a. von drei menschlichen Figuren –, die nur schwer zu erkennen und zu deuten sind. Die hier gewählte Wiedergabe stammt von W. D. und H. Asmus.**

Häufiger sind bildliche Darstellungen auf losen Steinblöcken in Norddeutschland, wo sie die südliche Randzone der in Südskandinavien verbreiteten bronzezeitlichen Felsbilder bezeichnen. Dort sind – neben nicht auf die Bronzezeit beschränkten napfförmigen Schälchen – besonders Schiffsbilder, aber auch Radzeichen, Menschen und Tiere, Hände und Fußsohlen, Wagen und Pflüge (Abb. 23) auf dem anstehenden, vom Eis glattgeschliffenen Fels eingeschlagen. Der Motivschatz der nicht sehr zahlreichen Darstellungen aus Norddeutschland weicht davon ab; zwar herrschen wiederum Schälchen vor, es fehlen aber die Schiffe, relativ häufig sind Radzeichen. Nur ganz selten fanden sich auf Steinplatten im Inneren von Grabanlagen eingeschlagene Bilder, die nach der Schließung des Grabes nicht mehr sichtbar waren. Dazu gehört die Steinkiste von Anderlingen (Abb. 70), der am ehesten eine wesentlich reicher ausgestaltete Steinkammer von Kivik in Südschweden vergleichbar ist. Leider läßt sich das ursprüngliche Aussehen des Anderlinger Steines, dessen Figuren ihren Kopf unter einer (Vogel-?)Maske zu verbergen scheinen, nicht mehr mit letzter Sicherheit bestimmen. Links steht ein Mann in Beterhaltung mit erhobenen Händen, daneben ein zweiter, der wohl ein Beil hebt. Bei der Deutung werden zwei Alternativen diskutiert: Einerseits werden die Dargestellten als Götter angesehen, andererseits denkt man an eine Kultszene, die zum Grabritual gehören könnte.

Gleich mehrere Bildmotive der südskandinavischen Felsbilder finden sich auf den aus einem Moor bei Wismar stammenden, wohl jungbronzezeitlichen Beschlägen eines vergangenen (Rinder-)Hornes (Abb. 71): Schiffe, Radzeichen, Speerträger und ein als Sonnenscheibe gedeuteter Kreis mit darum angeordneten Menschenfiguren. Da ähnliche, weniger reich verzierte Hornbeschläge in zwei weiteren nordostdeutschen Mooren gefunden wurden, ist eine Herstellung im Gebiet südlich der Ostsee anzunehmen, obwohl alle figürlichen Motive des Wismarer Hornes ihre besten Entsprechungen nördlich der Ostsee finden (allerdings müssen wir bedenken, daß die wahrscheinlich zahlreichen Bilder auf Holz oder Textilien nicht erhalten sind). Ob diese Beschläge zu Trink- oder zu Blashörnern gehörten, ist unsicher. Wenn die Interpretation bogenförmiger Verlängerungen an einigen der die Schiffsbesatzung darstellenden geraden Striche als Wiedergabe von Hörnern zutrifft, so spräche das vielleicht eher für Blashörner, vergleichbar den auf Felsbildern von bemannten Schiffen bisweilen ähnlich dargestellten Luren. Schiffsabbildungen fehlen, wie erwähnt, in Norddeutschland auf Stein, sind dagegen von Rasiermessern und Messern bekannt (Abb. 75) und sprechen für eine über Handel und Verkehr

**71** Drei 1836 in einem Moor bei Wismar (Mecklenburg-Vorpommern) gefundene Beschläge wohl eines Rinderhornes wurden bei einem Glockengießer vor dem Einschmelzen gerettet (A: Rekonstruktionsversuch). Das unten offene Endstück (B) ist verziert, ebenso der etwa 14 cm hohe Mündungsring (C und D). Wahrscheinlich stammen die Beschläge aus der jüngeren Bronzezeit. – A nach Katalog Ausstellung Berlin 1880; D nach E. Sprockhoff.

hinausreichende Bedeutung des Schiffes in der bronzezeitlichen Religion – man denkt an Jenseitsvorstellungen, erwägt eine Verwendung des Schiffes im Grabkult und ein Mitführen in kultischen Umzügen. Auch die Speerträger auf den Wismarer Beschlägen werden als Wiedergabe von Kultteilnehmern gedeutet, die womöglich Sonnensymbole als Schilde tragen.
Auch das Radzeichen begegnet vielfach auf Felsbildern sowohl Norddeutschlands als auch Skandinaviens, es ist aber anders als die bisher erwähnten Motive nicht auf diesen Raum beschränkt. In weiten Teilen Mitteleuropas finden sich seit dem Übergang von der frühen zur mittleren Bronzezeit Nadeln mit mehrspeichigen Radköpfen (Abb. 68 B), die auf südosteuropäische Einflüsse zurückgeführt werden und einerseits das in dieser Zeit aufkommende Speichenrad, andererseits die Sonne symbolisieren könnten. Derartige Nadeln wurden vor allem im Gebiet zwischen Oberrhein und Niederelbe zu großer Formenvielfalt weiterentwickelt, wobei der ursprüngliche »Radgedanke« mehr oder weniger undeutlich wird. Auch radförmige Anhänger gehören zum Fundstoff der Bronze- wie der nachfolgenden Eisenzeit.
Als Bedeutungsträger gelten weiterhin längliche Anhänger von rechteckigem, dreieckigem oder lanzettförmigem Umriß. Während sie teilweise mehr oder weniger deutlich stilisierte Menschendarstellungen erkennen lassen (Abb. 61. 72), kann ihr Sinngehalt in anderen Fällen nicht aus der Form erschlossen werden. Oft gehören sie zu teilweise aufwendigen Gehängen, in denen sie zusätzlich durch ihr Klappergeräusch abwehrend wirken konnten. Daneben ist aber auch ihr Vorkommen in Kindergräbern bezeugt, hier vergleichbar den in derartigem Zusammenhang öfter begegnenden Amuletten (vgl. Abb. 49). Solche Anhänger, die wir aus Gräbern wie aus Deponierungen kennen, sind seit dem Übergang von der mittleren zur jüngeren Bronzezeit über

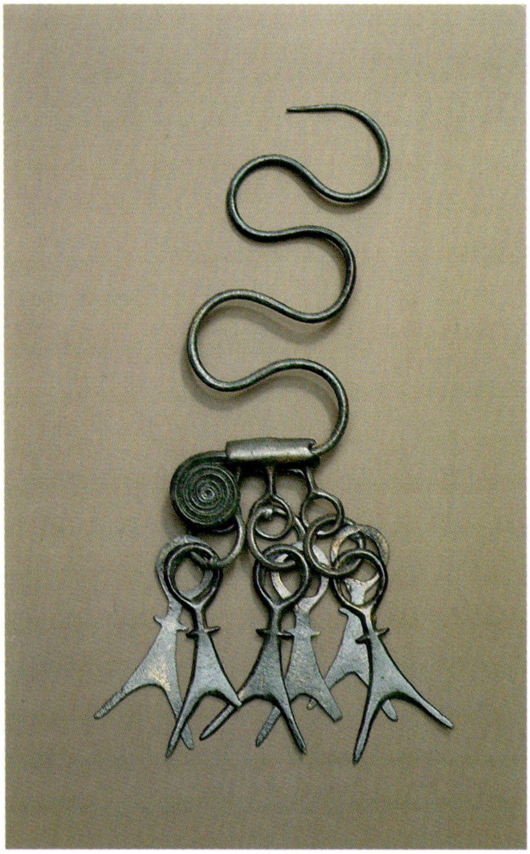

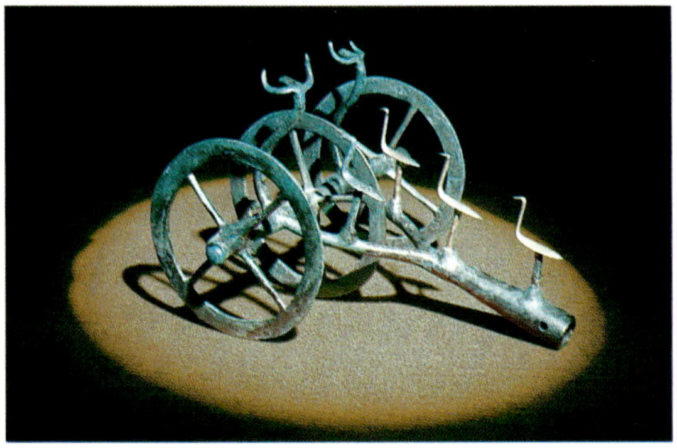

weite Gebiete Europas verbreitet und gehören zu den Erscheinungen, die mit dem diese Zeit kennzeichnenden Kulturwandel verbunden sind.
Ähnlich wurden zeitweilig auch die in unterschiedlichen Formen auftretenden Vogeldarstellungen beurteilt. Es hat sich aber gezeigt, daß kleine Plastiken von Wasservögeln vereinzelt bereits in der mittleren Bronzezeit vorkommen, diese Tradition also älter ist. Zahlreicher sind Vögel jedoch erst seit dem Übergang zur jüngeren Bronzezeit im Fundstoff vertreten, besonders an Wagen (Abb. 73), Wagenmodellen (Abb. 74. 87) und anderen Kultgeräten. Ohne ältere Vorläufer scheint die im Laufe der Jungbronzezeit einsetzende Kombination stilisierter Vogelköpfe mit einem Kreismotiv zu sein, die als sog. Vogel-Sonnen-Barke von Südeuropa bis nach Skandinavien auf zahlreichen getriebenen Bronzegefäßen begegnet (Abb. 77. 79).
Selten sind im bronzezeitlichen Fundbestand plastische Menschendarstellungen. Der Griff des jungbronzezeitlichen Messers von Beringstedt in Gestalt einer Frau (Abb. 75) ist mit einigen kleinen Statuetten aus dem westlichen Ostseegebiet durch die beiden Halsringe und den Schnurrock verbunden. In dänischen Funden sind teilweise verschiedene Figuren miteinander vergesellschaftet, aus denen sich regelrechte Kultszenen rekonstruieren lassen. Die doppelten Halsringe wurden auch mit der paarweisen Deponierung von Halsringen während der jüngeren Bronzezeit in Verbindung gebracht, die Figuren daraufhin als »Halsringgöttinnen«, die Deponierungen als ihnen dargebrachte Opfer angesehen. Man kann in der Figur von Beringstedt aber auch die Wiedergabe einer opfernden Frau sehen. Ob dabei der schon aus ein halbes Jahrtausend älteren Grabfunden bekannte Schnurrock noch zur

◁◁ **72 Beim Bahnbau wurden 1870 am Rande des Altmühltales zwischen Solnhofen und Eßlingen (Bayern) unterhalb eines von einer Felskuppe gekrönten Hügels zwei Armringe und dieses Ziergehänge gefunden (etwa 13./12. Jh. v. Chr.). An einer wellenförmig gebogenen »Nadel« hängen paarweise menschengestaltige Anhänger, die je etwa 7 cm lang sind.**

◁ **73 Zu einem reich ausgestatteten Brandgrab des 13. Jh. v. Chr. von Poing östlich von München gehören bronzene Beschläge eines Wagens, darunter Achskappen und Achsnägel, von denen zwei in gegenständigen stilisierten Vögelchen enden.**

◁ **74 In einem bei Eiche-Golm nahe Potsdam frei im Boden stehend gefundenen Tongefäß lag ein zerlegtes, etwa 20 cm langes Modell eines dreirädrigen Gefährtes, das sich wieder zusammensetzen ließ (etwa 9./8. Jh. v. Chr.). Die gegabelte Deichsel endet in gehörnten Tierköpfen, auf ihrem waagerechten Abschnitt waren vier kleine Vogelplastiken befestigt, von denen nur eine erhalten blieb (die anderen sind ergänzt).**

**75 Aus einer Steinkiste bei Beringstedt nördlich Itzehoe (Schleswig-Holstein) stammt ein gut 11 cm langes jungbronzezeitliches Messer (etwa 9./8. Jh. v. Chr.), das häufiger mit dem Fundort »Itzehoe« genannt wird. Die abgebrochene Klinge ist mit einer Schiffsdarstellung verziert, der Griff hat die Form einer kleinen Frauenfigur, die mit einem Schnurrock bekleidet ist, wie er aus älterbronzezeitlichen Frauentrachten des Nordens bekannt ist. Außerdem trägt sie zwei Halsringe, auf dem Rücken eine Gürteldose und einen Ohrring im überdimensionierten Ohr.**

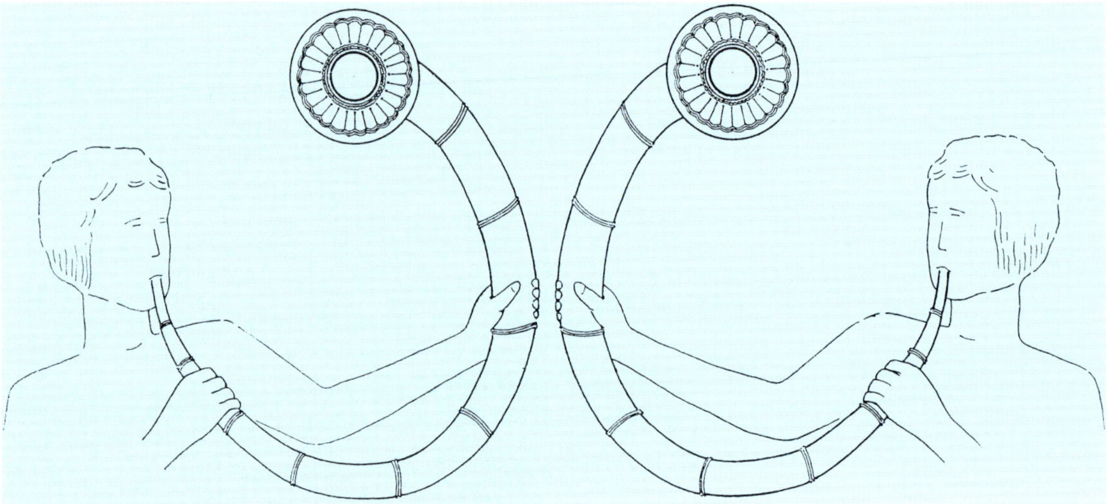

B

A

◁

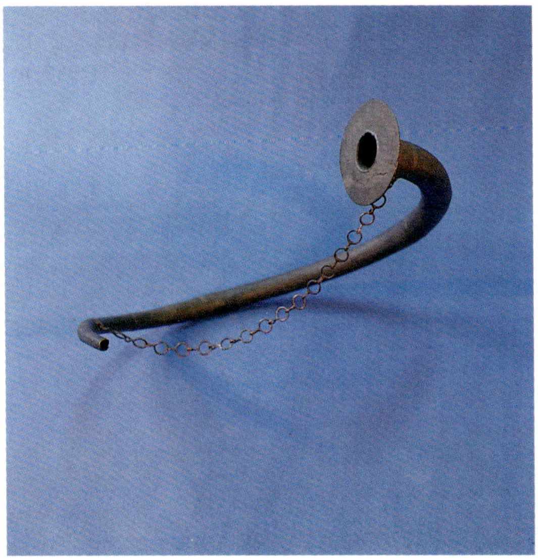

**76 A Bei Lübzin, östlich von Schwerin, wurden 1835 in moorigem Gelände Teile einer Lure zusammen mit einem zweiten, nicht erhaltenen, Stück ausgepflügt. Durchmesser der Mündungsscheibe 14,6 cm. – B Die Luren wurden in der Regel paarweise gefunden und wohl auch benutzt (nach H. Keiling).**

geläufigen Tracht oder zu einer ältere Traditionen bewahrenden Kulttracht gehört, bleibt offen.

Zu den herausragenden Zeugnissen bronzezeitlicher Gußtechnik gehören die Luren – Musikinstrumente der jüngeren Bronzezeit, deren Hauptverbreitungsgebiet in Südskandinavien liegt. Wie bei den Felsbildern bildet Norddeutschland nur eine südliche Randzone mit drei Fundpunkten in Mecklenburg-Vorpommern und einem im nördlichen Niedersachsen. Luren bestehen aus mehreren Rohrstücken, deren Wandungen oft nur 1 mm stark oder noch dünner sind, dem Mundstück und einer teilweise reich verzierten Endscheibe, die durch komplizierte Gußtechniken teils lose, teils fest miteinander verbunden sind (Abb. 76). Eine Verwendung der Luren als Blasinstrumente bei Kulthandlungen wird durch skandinavische Felsbilder dokumentiert. Sie sind sonst nur aus Deponierungen bekannt, in der Regel wurden gegenläufig geschwungene Instrumente paarweise in feuchter Umgebung niedergelegt und damit höheren Mächten überantwortet oder der Profanierung entzogen.

# Geschlagen aus Blech – Frühe Bronzegefäße

VON ALBRECHT JOCKENHÖVEL

Zu Beginn der jüngeren Bronzezeit tauchen erstmalig in Mitteleuropa aus Blech geschlagene Bronzegefäße auf. Ihre Technik war bereits sehr ausgefeilt und dürfte in der Früh- und Mittelbronzezeit wurzeln, in denen es zum Beispiel mit breiten Stirnbändern, Gürtelblechen und Blechgürteln entsprechende Belege gibt. Aber auch Anregungen aus dem ägäischen Bereich, der mykenischen Kultur, sind zu berücksichtigen. Die Bronzegefäße wurden – ähnlich wie ihre goldenen Gegenstücke – aus einer dickeren Gußplatte, meist einem schüssel- oder scheibenförmigen Rohling, mit Tüllenhämmern (Abb. 34) auf einer Unterlage ausgetrieben. Dabei mußte der Prozeß des öfteren unterbrochen werden, denn das Werkstück mußte in den einzelnen Arbeitsschritten immer wieder erhitzt werden, um es geschmeidig zu machen, damit keine Risse entstanden. Viele handwerkliche Feinheiten wie Zentrierpunkte, Verstärken der Nietpartien durch Unterlegplättchen, Abkanten der Randlippen durch Vorlinierungen und – seit dem 9. Jahrhundert v. Chr. belegt – die Verwendung von zirkelartigen Geräten zeugen vom hohen Können der bronzezeitlichen Toreuten, wie die Blechschläger auch genannt werden. Die Herstellung einschließlich der oft recht aufwendigen Verzierung (Abb. 77–79) erforderte einen recht hohen Zeitaufwand, so daß alleine deswegen die Gefäße sehr kostbar waren. Viele wurden deshalb auch repariert.

Ähnlich wie bei der anderen großen Gruppe von Treibarbeiten, den bronzenen Schutzwaffen (S. 84 f.), sind viele Bronzegefäße aus Mooren und Hortfunden bekannt, aber die Zahl von Gefäßen als Grabbeigaben ist doch recht beträchtlich. Am häufigsten kommen Bronzetassen vor. Am ältesten sind die Bronzetassen vom Typ Friedrichsruhe – bezeichnet nach einem Fundort in Mecklenburg –, bei denen der Tassenkörper sehr gerundet und der Hals leicht ausladend ist; die Tassen haben im Gegensatz zur jüngeren Form, den Fuchsstadt-Tassen – benannt nach einem Fundort in Unterfranken – keinen Standring am Boden. Letztere kommen vor allem in Südwestdeutschland vor. In das 10. Jahrhundert v. Chr. gehören die punktbuckelverzierten Bronzetassen vom Typ Jenišovice – benannt nach einem böhmischen Fundort. Den Abschluß bilden die großen, beckenartigen Tassen vom Typ Stillfried-Hostomice – benannt nach Fundorten in Niederösterreich und Mittelböhmen.

In manchen Grab- und Hortfunden sind die Bronzetassen kombiniert mit weiteren Bronzegefäßen gefunden worden; zusammen bildeten sie regelrechte Trinkservice. Zum reichen Wagengrab von Hart an der Alz (Oberbayern) aus dem 12. Jahrhundert v. Chr. gehörten neben der Tasse ein Bronzesieb und ein Bronzeeimer vom Typ Kurd. Ein vergleichbarer Eimer war auch das größte Gefäß im umfangreichen Hortfund von Dresden-Dobritz (Sachsen) (Abb. 78). Dieser Geschirrfund kam 1948 im Bereich einer großen Siedlung zutage; er umfaßt neben dem Eimer ein Sieb sowie 16 Tassen und Schalen, womit er derzeit der reichste Bronzegeschirrfund Mitteleuropas ist. In die Zeit der Jenišovice-Tassen gehört der Bronzeeimer von Unterglauheim (Abb. 77). Er ist ein Vertreter der nach dem ungarischen Fundort Hajdúböszörmény bezeich-

77 In Unterglauheim (Bayerisch-Schwaben) wurde ein Hortfund geborgen, der aus zwei Kreuzattaschenbecken, einem mit Vogel-Sonnen-Barke verzierten Bronzeeimer und zwei Goldbechern besteht. Es handelt sich vermutlich um Kultgeräte. Etwa 10. Jh. v. Chr.

78 Der größte Bronzegeschirrfund Deutschlands stammt aus der jungbronzezeitlichen Siedlung von Dresden-Dobritz. Er enthielt außer einem Eimer und einem Sieb 16 Tassen.

neten Gruppe; ein Kennzeichen dieser Eimer ist die gleichfalls in Punktbuckel-Manier dargestellte sogenannte Vogel-Sonnen-Barke. Dieses für die urnenfelderzeitliche Religion zentrale Symbol kommt auch auf der Bronzeamphore von Gevelinghausen, Hochsauerlandkreis (Nordrhein-Westfalen), vor, dem wohl schönsten Bronzegefäß Deutschlands (Abb. 79). Vergleichbare Amphoren, jedoch nicht so aufwendig verziert, gibt es aus dem Königsgrab von Seddin und aus einem unlängst in Brandenburg in einem Moor entdeckten Hortfund von Herzberg (Titelbild). In der Amphore von Herzberg lagen noch kleine Bronzeschalen oder -becher, eine Gruppe von kleineren Trinkgefäßen. Bronzebecken, die an Henkeln getragen wurden, stehen in ihrem Fassungsvermögen zwischen Tassen, Bechern und Schöpfern einerseits sowie den

**79 Das schönste Bronzegefäß Deutschlands stammt aus dem Hochsauerland, wo bisher kaum eine jungbronzezeitliche Besiedlung festgestellt werden konnte. Es handelt sich um eine reich verzierte Bronzeamphore, die mit über 10 000 Punzeinschlägen versehen ist. Der Fundort ist Gevelinghausen (Nordrhein-Westfalen). Etwa 9./8. Jh. v. Chr.**

Eimern und Amphoren (die Amphore von Gevelinghausen faßte ca. 16 l Flüssigkeit).

Die relative Seltenheit der Bronzegefäße, ihre zum Teil aufwendige Verzierung – allein an dem Gefäß von Gevelinghausen wurden über 10 500 Punzeinschläge festgestellt – sowie ihre Kombination mit anderen Gefäßen in reichen Hort- und Grabfunden lassen vermuten, daß ihre Funktion weit über den Alltag hinausreichte. Sie waren repräsentative Bestandteile eines herrschaftlichen Haushaltes. Man kann sich vorstellen, daß bei bestimmten Anlässen aus den größeren Gefäßen Wein, der wohl aus dem Süden importiert werden mußte, Met oder Bier durch ein Sieb geschüttet und in die Tassen umgefüllt wurde. Vielleicht entspricht die Anzahl der Tassen von Dresden-Dobritz der Anzahl der Teilnehmer an diesem Gastmahl.

# Schimmernde Wehr – Die ältesten Schutzwaffen aus Metall

VON ALBRECHT JOCKENHÖVEL

»Da trat hervor aus den Lagern der Philister ein Riese mit Namen Goliath . . ., und er hatte einen ehernen Helm auf seinem Haupt und einen schuppigen Panzer an, und das Gewicht seines Panzers war 5000 Lot Erz, und hatte eherne Beinharnische an seinen Schenkeln und einen ehernen Schild auf seinen Schultern. Und der Schaft seines Spießes war wie ein Weberbaum, und das Eisen seines Spießes hatte 600 Lot Eisen; und sein Schildträger ging vor ihm her« (1. Sam. 17). Wie es dem völlig in Erz gehüllten, großprotzigen Krieger im Kampf gegen den bis auf Schleuder und Kieselsteine unbewaffneten David ging, ist allgemein bekannt. Es trafen aufeinander althergebrachte Kampfesweise mit entsprechender Ausrüstung und eine unkonventionelle Antwort; so mußte der unterliegen, der sich nicht umstellen konnte. Diese Szene ist zugleich aufschlußreich für die Umbruchzeiten am Anfang des 1. Jahrtausends v. Chr., für den Übergang von der Bronze- zur Eisenzeit im Vorderen Orient. Goliath verkörperte, bis auf die Eisenlanze, noch ganz die bronzezeitliche Kriegerkaste, deren Angehörige sich im Zweikampf gegenübertraten. Helm, Panzer und Beinschienen, alles aus Bronze getrieben, schützten den Körper; freie Partien wurden mit dem Rundschild abgedeckt. Mit der rechten Hand wurde das Hiebschwert geführt.

Diese Ganzmetallrüstung findet sich mit Beginn der Urnenfelderzeit (13. Jh. v. Chr.) auch in Mitteleuropa. Vermutlich standen mykenische Rüstungen Pate für eine einheimische Weiterentwicklung. Es gibt jedoch in Mitteleuropa keinen einzigen Fund – sei es Grab- oder Hortfund –, der eine komplette Schutzwaffenrüstung beinhaltete. Geradezu ein Kennzeichen ist es, daß Helme, Panzer, Beinschienen und Schilde sich in ihrer Verbreitung fast gegenseitig ausschließen. Die schlichtesten Helme waren von kappenförmiger Gestalt; aus Deutschland sind nur drei bekannt (Rhein bei Mainz; Hortfund von Wonsheim [Rheinland-Pfalz]; Thonberg [Oberfranken]). Etwas zahlreicher sind die aus zwei Teilen zusammengenieteten Kammhelme: Sie stammen aus der Lesum bei Bremen (Abb. 60), dem Altrhein bei Biebesheim (Hessen) – zwei fast identische Helme – und dem Rhein bei Mainz, aus Ebing (Oberfranken) und aus der Nähe des Inns bei Pocking (Oberbayern). Die dritte Helmform bilden die wohl aus Ungarn importierten Glockenhelme, die nur östlich der Elbe vorkommen: aus Mooren stammen die Helme von Beitzsch (Brandenburg) und Sehlsdorf (Mecklenburg), aus der Havel der Helm von Oranienburg (Brandenburg). Aus Mitteldeutschland sind zwei Wangenklappen von Helmen bekannt (Weißig [Sachsen], Schmiedehausen [Thüringen]). Panzer sind in Deutschland noch nicht gefunden worden; es wird sich – wie Vergleichsfunde aus Ostfrankreich belegen – um reich verzierte Glockenpanzer gehandelt haben, die aus Brust- und Rückenschale bestanden und zusammengeschnürt wurden. Ähnlich verziert sind auch die beiden einzigen Beinschienen von deutschem Boden: aus der Donau bei Schäfstall (Bayern) und einem in einer Höhle bei Beuron (Baden-Württemberg) angetroffenen Hortfund. Sieben Bronzeschilde sind bisher aus Flüssen und Mooren geborgen worden, davon gehören fünf

**80 Zwei Bronzeschilde von Herzsprung (Brandenburg) gaben einer in Europa weitverbreiteten Schildform ihren Namen. Sie waren, gefaltet und mit einem Eichenblock beschwert, in einem Moor niedergelegt worden. Durchmesser je etwa 70 cm.**

dem Typ Nipperwiese an (benannt nach einem Fundort bei Stettin). Weitere Schilde dieser Form liegen aus dem Rhein bei Mainz und bei Bingen (beide Rheinland-Pfalz), aus einem Moor bei Schiphorst (Schleswig-Holstein) und aus Bamberg (Oberfranken) – ohne genaue Fundumstände – vor. Der Durchmesser dieser Schilde beträgt ca. 37–45 cm. Wesentlich größer (Durchmesser ca. 70 cm) sind die beiden verzierten Metallschilde, die in einem Moor bei Herzsprung (Brandenburg) niedergelegt wurden (Abb. 80).

Die in Deutschland überlieferten Schutzwaffen stammen fast nur aus Flüssen und Mooren, sie sind wohl Opfergaben. Praktische Versuche ergaben, daß die dünnen Schutzwaffen kaum Schwerthieben oder Lanzenstichen standhielten. Hierzu waren Holzschilde oder Lederpanzer besser geeignet. Schutzwaffen aus diesen längst vergangenen Materialien werden viel häufiger vorhanden gewesen sein. Die metallene Schutzrüstung diente also weniger einem praktischen Gebrauch, sie war eher eine repräsentative Prunk- oder Paraderüstung, ein Rangzeichen hervorragender Krieger oder Anführer.

# Dolche und Schwerter – Der Waffenschmied und seine Technik

VON HARRY WÜSTEMANN

Dolche und Schwerter waren die gebräuchlichsten Faustwaffen der Bronzezeit. Gegenüber dem Dolch war das Schwert mit seiner längeren Klinge jedoch wirksamer und bot eine optimale Treffsicherheit. Während der Dolch sich bis weit in die Steinzeit zurückverfolgen läßt, ist das Schwert erst eine Erfindung der Bronzezeit. Das erklärt auch, warum der Dolch besonders am Beginn der Bronzezeit eine bedeutende Rolle spielte, dann aber zunehmend vom Schwert in den Hintergrund gedrängt wurde.

Die ersten – noch aus Kupfer gefertigten – Metalldolche tauchen in Mitteleuropa während der zweiten Hälfte des 3. Jahrtausends v. Chr. in der endneolithischen Glockenbecherkultur auf. Es sind schlichte dreieckige Klingen mit kurzem Zungenfortsatz zum Aufstecken eines vergänglichen Griffes. Diese einfache Form findet in der Bronzezeit keine Fortsetzung. Kennzeichnend für die bronzezeitlichen Dolche ist ihre Zweiteiligkeit: Klinge und Griff wurden getrennt hergestellt und dann durch eine Nietverbindung – oder später auch gußtechnisch – zusammengefügt.

Die frühbronzezeitlichen Dolche sind in zwei verschiedenen Ausprägungen überliefert. Zum einen erscheinen sie als einfache Klingen, die ursprünglich einen Griff aus vergänglichem Material hatten. Zum anderen sind es Dolche mit Metallgriff, die allgemein als Vollgriffdolche bezeichnet werden (Abb. 81). Beiden ist eine breite, dreieckige, meist flache Klinge gemeinsam, wobei die Klingen der Dolche mit vergänglichem Griff zumeist von etwas geringerer Größe sind. Die Vollgriffdolche lassen sich aufgrund ihrer unterschiedlichen Griffgestaltung in mehrere Typen mit jeweils anderen Ursprungsgebieten aufgliedern. Der Guß der Griffe für solche Dolche war recht schwierig. Er konnte nur in dem komplizierten Wachsausschmelzverfahren (s. S. 39 f.) vorgenommen werden, wobei Hohlgriffe einen eingesetzten Gußkern aus Ton voraussetzten. Die insbesondere durch radiographische (»Röntgen«-) Untersuchungen nachgewiesenen verschiedenen Griffarten wie Massiv-, Hohl-, Tüllen- und Zweischalengriffe veran-

**81 Dolch mit Tüllengriff aus dem frühbronzezeitlichen Depotfund I von Melz unweit des Müritzsees (Mecklenburg-Vorpommern). L. 40 cm.**

schaulichen dabei, wie variabel die damaligen Bronzegießer dieses Gußverfahren zu handhaben verstanden. Vereinzelt konnte ein auf die Klinge aufgegossener – nicht mit ihr vernieteter – Griff nachgewiesen werden. Das verdeutlicht, daß man in jener Zeit auch schon mit dem Verfahren des sogenannten Überfanggusses vertraut war. Dieses nutzte man auch, um Gußfehler an Dolchgriffen zu beheben. Oft sind solche Nachgüsse so sorgfältig ausgeführt, daß sie nur durch gründliche Untersuchung zu erkennen sind. Viele Vollgriffdolche sind Meisterwerke der damaligen Bronzegießerkunst.

Ob mit diesen triangulären Dolchen tatsächlich ein Widersacher wirksam bekämpft werden konnte, erscheint wegen ihrer breiten Klingen, deren Spitzen zudem oft abgerundet sind, allerdings zweifelhaft. Die einfachen Dolche mit vergänglichem Griff wurden wenigstens teilweise als profane Messer verwendet, worauf starke Abnutzungen durch offenbar vielfaches Nachschleifen an einigen Klingen schließen lassen. Hingegen könnten die oft prächtigen Vollgriffdolche zeremoniellen Zwecken sowie als Statussymbole gedient haben.

Mit dem Übergang zur Hügelgräberbronzezeit vollzieht sich bei den Dolchen ein deutlicher Formenwandel. Die Klinge ist nun durchweg schmal und endet in einer ausgezogenen Spitze; zur Verringerung der Bruchgefahr ist sie mit einer Mittelrippe verstärkt. Ohne Zweifel handelt es sich hierbei vielfach um echte Dolche, die wahrscheinlich vorrangig der individuellen Selbstverteidigung dienten. Vollgriffdolche sind in dieser Zeit selten. Aber auch die Zeit der Dolche mit organischem Griff geht ihrem Ende entgegen. In bescheidener Zahl behaupten sie sich noch bis an den Übergang zur jüngeren Bronzezeit. Dann erliegen sie endgültig der Konkurrenz des Schwertes und verschwinden aus dem Fundbild. Erst in der Eisenzeit kommt der Dolch wieder in Gebrauch.

Die frühesten Bronzeschwerter erscheinen in Mitteleuropa nach dem Ausklingen der triangulären Dolche am Beginn der Hügelgräberbronzezeit, etwas nach der Mitte des 16. Jahrhunderts v. Chr. Ihre Entstehung verdanken sie Anregungen durch karpatenländische Vorbilder. Besonders im süddeutschen Raum entwickelt sich die Schwertproduktion rasch. Auch in anderen Teilen Mitteleuropas entstanden Zentren einer eigenständigen Schwertherstellung. Im westlichen Ostseeraum erreichte sie auf der Grundlage eingeführter Bronze eine großartige Entfaltung, die der des mitteleuropäischen Raumes nicht nachstand.

Auch bei den Schwertern ist zwischen solchen mit ursprünglich organischem und solchen mit bronzenem Griff (den sogenannten Vollgriffschwertern) zu unterscheiden. Beide gliedern sich wiederum in eine Vielzahl zeitlich eingrenzbarer Typen, die sich zumeist auch nach ihrem räumlichen Ursprung bestimmen lassen. Die hügelgräberzeitlichen Schwerter haben ge-

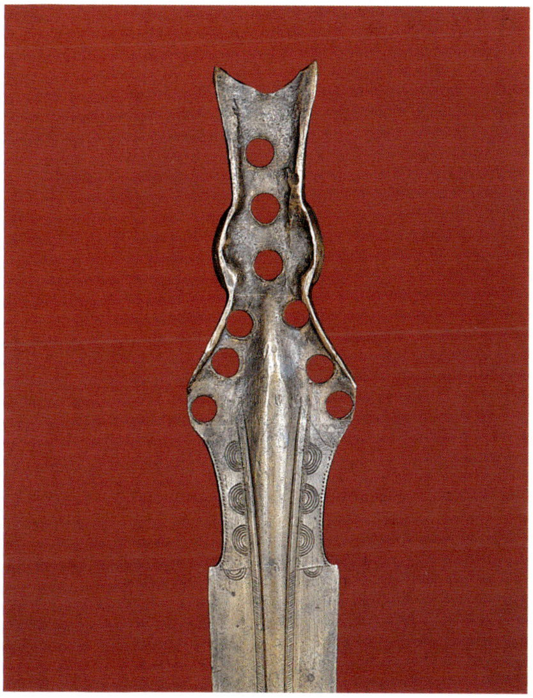

**82 Oberteil eines jungbronzezeitlichen Schwertes aus einem Moor in der Gegend von Briest bei Brandenburg. Vom Griff ist nur die bronzene »Griffzunge« erhalten, auf der Belagplatten aus vergänglichem Material vernietet waren. Länge des Griffes bis zu den unteren Nietlöchern etwa 10 cm. Das Schwert stand senkrecht im Torf, die Spitze steckte in dem darunterliegenden Ton. Etwa 10. Jh. v. Chr.**

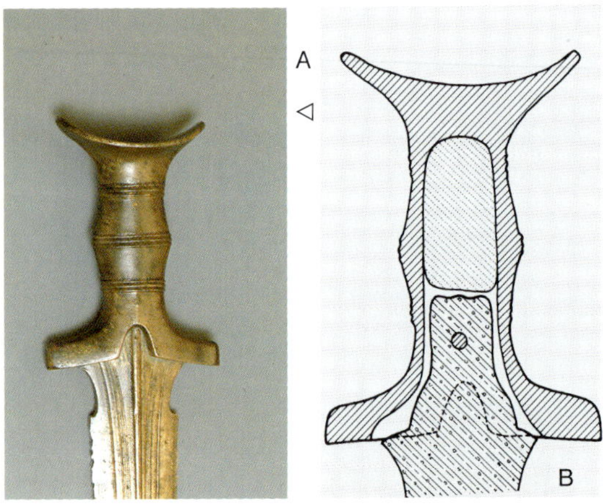


**83 A Griff eines Vollgriffschwertes vom Typ Mörigen (etwa 9./8. Jh. v. Chr. ) aus einem Depotfund von Berlin-Buch. – B Umzeichnung einer Radiographie. In dem Griff befindet sich ein Bleieinguß, der vermutlich rituelle Bedeutung hatte. – Umzeichnung: H. Wüstemann.**

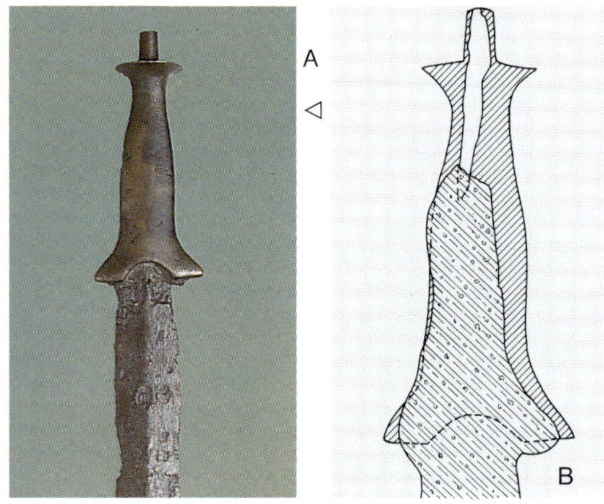


**84 A Schwert mit Eisenklinge und aufgegossenem Bronzegriff (etwa 8. Jh. v. Chr.). Baggerfund aus der Warnow bei Schwaan südlich von Rostock (Mecklenburg-Vorpommern) – B Umzeichnung einer Radiographie von dem aufgegossenen Bronzegriff. Sie vermittelt einen Einblick in die Verbindung von Griff und Klinge, die ein neuralgischer Punkt der Schwertkonstruktion ist. – Umzeichnung: H. Wüstemann.**

wöhnlich eine schilfblattförmige Klinge von mäßiger Breite und begrenzter Länge, was auf ihre Handhabung als Stichwaffe hindeutet. Hingegen lassen jungbronzezeitliche Schwerter durch ihre breitere, oft längere und vielfach weidenblattförmige Klinge eine vorrangige Verwendung als Hiebwaffe erkennen. Nachweislich spielten Schwerter auch als Statussymbole und bei zeremoniellen Handlungen eine wichtige Rolle.

Der Guß von Griffen für Vollgriffschwerter erfolgte zumeist nach dem traditionellen Wachsausschmelzverfahren in Tonformen über einem Tonkern, wobei man nur noch Tüllengriffe herstellte. Durch radiographische Untersuchungen und Funde konnte jedoch auch der Griffguß in speziell konstruierten Metallgußformen nachgewiesen werden. Besonders Griffe von Schwertern des Typs Mörigen (Abb. 83) wurden darin gegossen. Im Original liegt eine solche Metallgußform von dem nordbayerischen Fundort Erlingshofen vor (Abb. 33). Überwiegend wurden die Griffe durch zwei Pflockniete mit der Klinge verbunden. Einen Sonderfall bilden die aus dem westlichen Alpenraum stammenden jungbronzezeitlichen Schwerter vom Typ Auvernier (benannt nach einem Fundort in der Westschweiz), deren Griff generell im Überfangguß hergestellt ist. Bei anderen jungbronzezeitlichen Schwertern mitteleuropäischer Provenienz kommt diese Technik nur selten vor. Bei nordischen Schwertern ist sie völlig unbekannt.

Gegen Ende der Bronzezeit tauchen erste Schwerter mit Bronzegriff und Eisenklinge auf, die mitteleuropäischen Werkstätten entstammen (Abb. 84). Sie sind Vorboten eines neuen Abschnittes in der Geschichte des Schwertes, in dem die Bronze durch das nahezu überall zu gewinnende und für die Schwertherstellung noch besser geeignete Eisen ersetzt wird.

# Pferd und Wagen

von Gesine Weber

»Des Deutschen liebstes Kind« – sein Wagen – blickt bereits auf eine jahrtausendelange Tradition zurück. Nicht anders als heute war er spätestens seit der Bronzezeit zugleich Transportmittel und Prestigeobjekt.
Die ältesten Belege für die Benutzung von Wagen sind etwa 5000 Jahre alt. Dabei handelt es sich um einfache Karren mit Scheibenrädern, die entweder aus einer Planke gefertigt oder aus mehreren Segmenten zusammengesetzt wurden. Als Zugtiere dienten Rinder. Solche einfachen Transportkarren werden in vielen Gegenden der Welt in unveränderter Form heute noch benutzt. Im Wagenbau der mitteleuropäischen Bronzezeit gab es technische Neuerungen: auswechselbare Radbuchsen, Speichenräder und Lenkbarkeit. Eine austauschbare Buchse aus weichem Holz, eingesetzt in die Radmitte, verhinderte die Abnutzung des Achsloches durch die Achse und diente durch ihren Verschleiß gleichzeitig als Schmiermittel (Abb. 85).
In Deutschland begegnen Speichenräder im Fundgut erst im 13. Jahrhundert v. Chr. am Beginn der Urnenfelderzeit; dagegen sind sie als tönerne Modelle in Ost- und Südosteuropa bereits in der frühen und mittleren Bronzezeit belegt. Ebenfalls mittelbronzezeitlich sind die ersten dänischen Speichenräder, z. B. an dem bekannten sechsrädrigen Sonnenwagen von Trundholm, einer von einem Pferd gezogenen, halbseitig mit

**85 Im Vehnemoor bei Glum südwestlich von Oldenburg (Niedersachsen) fanden sich in Abständen von 5–7 m vier Scheibenräder aus Erlenholz mit Durchmessern um 70 cm. Zur Führung der Achse sind Buchsen aus Birkenholz eingesetzt. Die Altersbestimmung mit Hilfe der Radiokohlenstoffmethode ergab eine Datierung in die frühe bis mittlere Bronzezeit (etwa 17.–15. Jh. v. Chr.).**

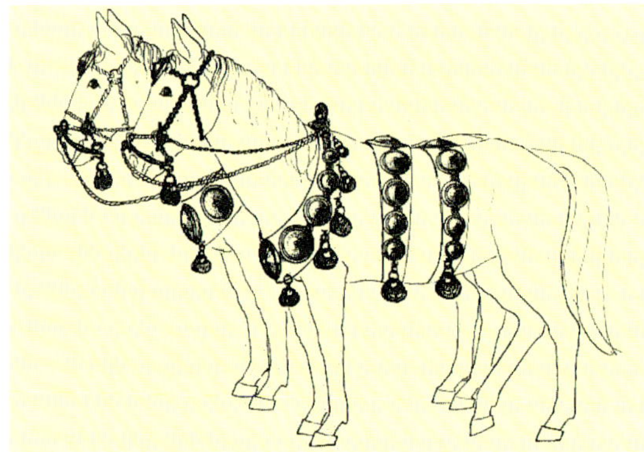

**86 Der endbronzezeitliche Depotfund von Ückeritz auf der Insel Usedom (Mecklenburg-Vorpommern) enthielt zahlreiche Teile vom Pferdegeschirr wie Trensenstangen und -knebel, Klapperbleche, Schmuckscheiben und Aufsätze. Durchmesser der beiden großen Schmuckscheiben je 23 cm. Der Rekonstruktionsversuch von W. Lampe zeigt eine Möglichkeit für ihre Anordnung. Etwa 9./8. Jh. v. Chr.**

Goldblech versehenen Scheibe. Für die zeitliche und räumliche Lücke im Fundgut Mitteleuropas gibt es bisher keine Erklärung; sie kann aber überlieferungsbedingt sein. Speichenräder an zwei- und vierrädrigen Wagen sind durch Originalfunde, Wagenmodelle aus Bronze oder Ton und Darstellungen auf Keramik und Felsbildern nachgewiesen. Sie sind leichter, aber auch wesentlich fragiler als Scheibenräder. Von Pferden gezogene, wendige und schnelle Streitwagen mit Speichenrädern waren am Anfang des 2. Jahrtausends v. Chr. in Kleinasien – später auch in Mykene oder Ägypten – eine furchteinflößende und effiziente Waffe.

Die Erfindung der schwenkbaren Vorderachse machte die Wagen erstmals lenkbar; gleichzeitig scheint sich auch die Spurweite zu verringern. Die Lenkbarkeit hat auch direkte Auswirkungen auf den bronzezeitlichen Wegebau. Vom Aussehen vorgeschichtlicher Verkehrsnetze zeugen Funde aus den Moorgebieten Nordwestdeutschlands. Hier existierte seit der Jungsteinzeit ein ausgedehntes System von Bohlen- und Knüppelwegen, mit dem die unwegsamen Moore überbrückt wurden. Es finden sich sowohl schmale Fußwege als auch breite Fahrbahnen. Die bronzezeitlichen Wege bestehen aus an den Enden gelochten Eichenbohlen; senkrechte Pflöcke in den Löchern verhindern ein Verschieben durch das ständig in Bewegung befindliche Moor (Abb. 40). Aufgrund der kleineren Wendekreise der Wagen sind sie nur noch 2,5 m breit; die jungsteinzeitlichen Wege hatten noch eine Breite von bis zu 4 m. Die Fahrbahnen wurden laufend instand gehalten. Von Pannen und Verkehrsunfällen zeugen zahlreiche weggeworfene Wagenteile am Wegesrand.

Die Bedeutung des vierrädrigen Wagens mit Speichenrädern in der Bronzezeit Mitteleuropas belegen u. a. eine Reihe von Brandgräbern der beginnenden Urnenfelderzeit besonders im Alpenvorland und im Schweizer Mittelland; die reichsten sind die bayerischen Gräber von Hart an der Alz und Poing. In ihnen fanden sich die geschmolzenen Reste bronzener Bestandteile von vierrädrigen Wagen. Achskappen, Achsnägel, Naben und Radbeschläge aus Gräbern und Depotfunden sind leicht als Wagenteile ansprechbar; die eindeutige Zuordnung zahlreicher stangenförmiger Bronzen, tüllenförmiger Aufsätze, Griffe, Zierscheiben und -beschläge in ihrer Funktion am Wagen bleibt problematisch.

Die Bedeutung des Wagens wird in diesen Gräbern über seine primäre Funktion – Transport von Lasten und Personen – herausgehoben: Er ist Luxus- und Prestigeobjekt sowie Zeremonialwagen im Kultgeschehen. In den Gräbern belegen Funde von Waffen, Keramikservicen und sogar Metallgefäßen die gesellschaftliche Stellung der Bestatteten; am Wagen angebrachte

Verzierungen mit »Amulettcharakter« wie Vogelfigürchen (Abb. 73) weisen in den kultischen Bereich. Der Wagen als Grabbeigabe einer herausragenden sozialen Schicht verliert dann über Jahrhunderte an Bedeutung, um in der Hallstattzeit – nun über einen großen geographischen Raum hinweg – wieder aufzuleben.

In einem Teil der Wagengräber und Depotfunde fanden sich Bestandteile von Pferdegeschirr: als Zugtiere dienten folglich nicht Rinder, sondern Pferde. Durch das Zaumzeug im empfindlichen Maul des Pferdes läßt sich der Wille des Reiters oder Fahrers dem Tier direkt aufzwingen. Zu den Trensen gehören ein- oder mehrteilige Gebißstangen mit Ösen an den Enden. Seitliche Wangenstücke aus Bronze oder Geweih, die Trensenknebel, verbinden das Gebißstück mit weiteren Zaumzeugbestandteilen und den Zügeln. Platten-, Scheiben- und Stangenknebel bezeugen verschiedene Aufzäumungssysteme von Reit- oder Zugpferden. Geschmückt wurden sie mit einer Vielzahl von runden Zierscheiben (Faleren) und anderen Anhängseln (Abb. 61. 86).

Von der herausragenden Rolle des Wagens im Symbolgut und Kultgeschehen der Bronzezeit Mitteleuropas zeugen nicht nur Grabfunde mit Wagenresten, sondern auch eine Vielzahl der verschiedensten Modellwagen. Aus dem Gebiet von Brandenburg bis Schlesien im Bereich der Lausitzer Kultur stammen aus dem Ende der Ur-

**87 Aus einem reichen jungbronzezeitlichen Grab von Acholshausen bei Ochsenfurt (Nordbayern) stammt das Modell eines Kesselwagens. Sein Gestell endet in stilisierten Wasservögeln. Höhe 12 cm. Etwa 11./10. Jh. v. Chr.**

**88 In Stade (Niedersachsen) wurden lose im Sand vier aus Bronze gegossene Speichenräder von je 58 cm Durchmesser gefunden, die vielleicht von einem Kultwagen stammen. In den U-förmig gekehlten Felgen waren noch Reste der ursprünglich über den Felgenrand hinausragenden Lauffläche aus Eichenholz erhalten. Vergleichsfunde erlauben eine Datierung an das Ende der jüngeren Bronzezeit. Etwa 9./8. Jh. v. Chr.**

nenfelderzeit kleine, mit einer Tülle versehene zwei- oder dreirädrige Wagen mit mehr oder weniger stilisierten Vögeln, Stieren oder »Mischwesen« (Abb. 74). Diese Deichselwagen dienten sicher als Aufsatz: vielleicht als Deichselabschluß eines gewöhnlichen Wagens oder eines Stangenaufsatzes für kultische Umzüge.

Ebenfalls mit Vogeldarstellungen versehen sind einige Gefäße auf Rädern, die sogenannten Kesselwagen (Abb. 87). Das größte Exemplar, vom mecklenburgischen Fundort Peckatel, hat eine Höhe von fast 40 cm. Kesselwagen werden durch den Vergleich mit ähnlichen Darstellungen auf Münzen der thessalischen Stadt Krannon aus dem 4. Jahrhundert v. Chr. mit Regenzauber in Beziehung gebracht. Die vollständig erhaltenen Kesselwagen stammen ausnahmslos aus reichen Grabfunden, die, ähnlich den Wagengräbern, deutlich kriegerische Elemente wie Schwert und Lanzenspitze aufweisen. Will man für die Kesselwagen eine profane Deutung wie Tischgerät (Mischkessel) ausschließen, kommt man nicht umhin, in den Bestatteten hochgestellte Personen zu sehen, die kriegerische und priesterliche Aufgaben gleichermaßen erfüllt haben.

Die weitere Entwicklung am Ende der Urnenfelder- und dem Beginn der Hallstattzeit spiegeln Bronzeräder aus Deutschland und Frankreich mit Durchmessern um 50–60 cm, deren hölzerne Lauffläche mit Bronzenägeln beschlagen war (Abb. 88). Sie waren Bestandteile vierrädriger Wagen. Der Zusammenfund solcher Räder mit einer früheisenzeitlichen Situla in einem französischen Grabfund zeigt, daß es sich um Zeremonialwagen, nun vielleicht »große« Kesselwagen, handelte.

# Gold – Die ewige Faszination

von Christine Leitschuh-Weber

Gold übt seit Jahrtausenden eine große Faszination auf den Menschen aus. Sein beständiger Glanz, seine Unempfindlichkeit gegen Korrosion und seine Seltenheit machten es schon immer zum begehrten Werkstoff. Dennoch gehört es im prähistorischen Fundmaterial eher zu den Ausnahmeerscheinungen. Seit der ausgehenden Steinzeit sind aus dem mitteleuropäischen Raum vereinzelte Edelmetallfunde bekannt, aber erst seit der Bronzezeit sind Goldfunde in größerer Anzahl überliefert. Gegen Ende der Bronzezeit erlebte die Goldverarbeitung eine Blüte, wie vereinzelte spektakuläre Funde auch auf deutschem Gebiet beweisen.

In vorgeschichtlicher Zeit gab es zwei Möglichkeiten, an das begehrte Ausgangsmaterial zu gelangen: es konnte aus goldhaltigem Gestein (»Berggold«) gewonnen oder aus Flußsand gewaschen werden (»Seifengold«). Diese Goldseifen waren leichter zugänglich als das Berggold; zumindest das früheste Gold stammte daher wahrscheinlich aus Flußseifen. Goldvorkommen größeren Ausmaßes sind in Europa eher selten. So mag es erstaunen, daß aus dem nördlichen Deutschland, das nicht über natürliche Goldvorkommen verfügt, eine größere Zahl bronzezeitlicher Goldfunde vorliegt als aus dem süddeutschen Raum, der vor allem von dem goldführenden Rhein profitierte (»Rheingold«). Mittels metallurgischer Untersuchungen ließ sich allerdings nachweisen, daß viele älterbronzezeitliche Goldfunde Norddeutschlands in ihrer Zusammensetzung denjenigen von den Britischen Inseln gleichen. Es ist daher an einen Import (z. B. aus dem goldreichen Irland) sowohl von Rohgold als auch von Fertigprodukten zu denken, wie die auf dem Kontinent seltenen Funde von goldenen Halskragen, sogenannten Lunulae, nahelegen (Abb. 94).

Schon in der Vorgeschichte spielte Gold in der Schmuckherstellung eine Rolle. Dabei blieb jedoch der kostbare Goldschmuck einer kleinen, privilegierten Bevölkerungsschicht vorbehalten und findet sich nur vereinzelt und vor allem in beigabenreichen Bestattungen. Ein besonders eindrucksvolles Zeugnis hiervon legen die frühbronzezeitlichen Fürstengräber der Aunjetitzer Kultur von Leubingen (Thüringen) und Helmsdorf (Sachsen-Anhalt) ab, zu denen u. a. identisch zusammengesetzte goldene Schmuckausstattungen gehören (Abb. 45 B). Aus bronzezeitlichen Gräbern, seltener aus Depots, stammt vor allem Goldschmuck aus Draht (Abb. 53), entweder in Form sogenannter »Lockenringe« oder als Noppenringe, Spiralröllchen und Fingerspiralen; überliefert sind auch bandförmige, manchmal punzverzierte Fingerringe, gelegentlich Armringe und -bänder, Nadeln und Perlen. Aus Gräbern der jüngeren Bronzezeit sind kleine Schmuckscheibenanhänger bekannt, deren Verzierung aus einem Mittelbuckel und konzentrischen Rippen besteht. Vergleichbare Verzierungen mit Kreismotiven in unterschiedlicher Ausführung sind auch charakteristisch für weitere Goldgegenstände der mittleren und jüngeren Bronzezeit, deren genaue Funktion nicht geklärt, aber vermutlich im religiösen Bereich zu suchen ist.

Unterschiedlich große Goldscheiben mit einem Durchmesser von bis zu 35 cm sind aus Grabfun-

**89 Goldblechscheibe von Moordorf bei Aurich, Ostfriesland (Niedersachsen). Die älterbronzezeitliche Scheibe wurde um 1910 bei Meliorationsarbeiten gefunden und stammt aus einem Grab, das ehemals wahrscheinlich von einem Hügel überdeckt war. Sie gelangte über den Kunsthandel erst 1925 in das Landesmuseum Hannover. Durchmesser 14,5 cm; Blechstärke 0,014 cm.**

den in Norddeutschland (Abb. 89) und Dänemark überliefert und werden als Sonnensymbole gedeutet; in Irland und England wurden derartige Goldscheiben dagegen durchweg deponiert. Die meisten der oft papierdünnen nordeuropäischen Scheiben waren ursprünglich auf einer Unterlage aus Bronze oder organischem Material angebracht. Daß diese Goldscheiben nicht profanen Zwecken dienten, belegt u. a. der sog. Sonnenwagen von Trundholm in Dänemark. Dort war ein solches Exemplar auf einem Kultwagen montiert, dessen absichtlich zerbrochene Überreste aus einem Moor geborgen wurden. Ebenfalls kultische Zusammenhänge vermutet man bei den Goldgefäßen, die entweder einzeln oder zu mehreren, gelegentlich auch zusammen mit Bronzegefäßen (Abb. 77), meist in Mooren oder verlandeten Seen entdeckt wurden, wo sie

vermutlich als Opfer niedergelegt worden waren. Der reichste und bekannteste Hortfund dieser Art aus deutschem Boden ist der von Eberswalde (Abb. 90). Dort wurde in 1 m Tiefe ein Tongefäß entdeckt, das acht getriebene, punzverzierte Goldschalen und 73 weitere Goldgegenstände im Gesamtgewicht von etwa zweieinhalb Kilogramm enthielt.
Toreutische Meisterleistungen sind die Goldblechkegel, von denen aus Europa bisher drei einander ähnliche Exemplare bekannt sind (Abb. 91): der »Goldene Hut« von Schifferstadt in der Rheinpfalz aus dem Ende der mittleren Bronzezeit, der in geringer Tiefe aufrecht stehend zusammen mit drei an ihn gelehnten Bronzebeilen gefunden wurde, der Goldkegelschaft von Avanton in Westfrankreich aus dem Übergang von der mittleren zur jüngeren Bronzezeit und der Kegel von Ezelsdorf in Mittelfranken, der in die mittlere/jüngere Urnenfelderzeit datiert wird. Der letztgenannte ist mit fast 90 cm Höhe das größte und prunkvollste Exemplar. Er ist flächendeckend mit einem Muster aus Quer- und Längsrippen, Scheiben-, Punkt- und Radmotiven verziert, die mit mindestens 25 verschiedenen Punzstempeln in das nur 0,78 mm starke Goldblech eingedrückt wurden. Der Kegel von Ezelsdorf ist so dünn ausgetrieben, daß er einen stützenden Kern brauchte; er war für profane Zwecke wohl nicht tauglich. Eine Verwendung als Hut, als der das Schifferstadter Exemplar früher gedeutet wurde, kommt daher nicht in Frage. Ebenso wie die Goldscheiben und -schalen werden auch die Kegel aufgrund ihres Materials und der Ziermotive mit dem Sonnenkult verbunden. Möglicherweise waren sie in einem Heiligtum aufgestellt oder fanden Verwendung auf einem Kultwagen, der bei besonderen Anlässen gezeigt wurde. Die eigentliche Funktion der Goldgegenstände wie auch die Gründe,

**90 Der 1913 geborgene jungbronzezeitliche Goldfund von Eberswalde nordöstlich von Berlin (etwa 10./9. Jh. v. Chr.) galt nach 1945 als verschollen; nachdem kürzlich bekannt wurde, daß er sich im Puschkin-Museum in Moskau befindet, bemüht man sich nun um seine Rückführung nach Berlin. Höhe des Tongefäßes 22,5 cm.**

**91 Goldkegel von Avanton, Dép. Vienne (links), Ezelsdorf, Bayern (Mitte), und Schifferstadt, Rheinland-Pfalz (rechts) (etwa 14.–10. Jh. v. Chr.). Mit einer Höhe von fast 90 cm bei einem Gewicht von nur 310 g bezeugt der papierdünn ausgetriebene und flächendeckend verzierte Kegel von Ezelsdorf besonders eindrucksvoll das Können der bronzezeitlichen Goldschmiede.**

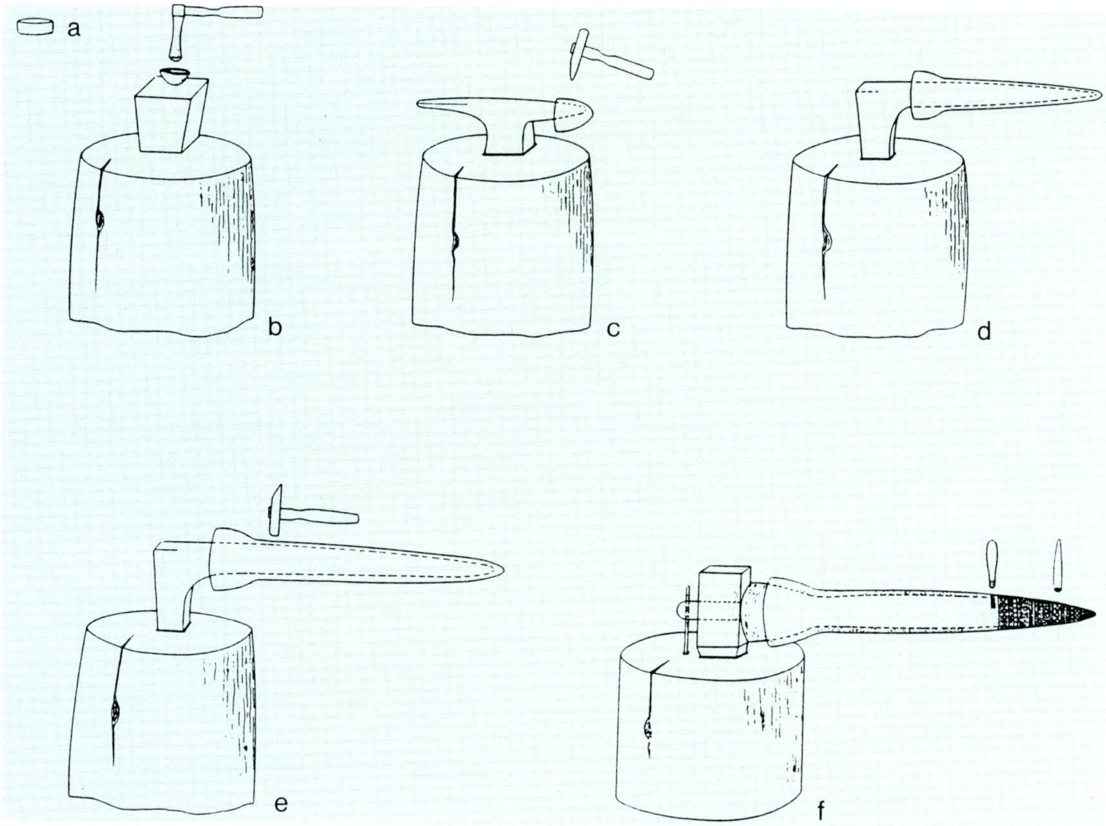


**92 a–e Denkbares Verfahren zum Ausschmieden eines Goldkegels aus einem Barren (a) über einem Dornamboß. – f Verzierung eines dünnwandigen Kegels (z. B. Ezelsdorf) durch Eindrücken einer Punze. – Nach M. Fecht.**

die zu ihrer Verbergung führten, bleiben jedoch im dunkeln.

Die Verfahren zur Herstellung solcher Goldgegenstände haben sich wahrscheinlich nur wenig voneinander unterschieden. Für die Kegel wurde ein passender Barren (Abb. 92 a) zunächst durch Hämmern in Schalenform gebracht (Abb. 92 b) und konnte dann über einem Amboß mit Treibdorn zu einem Kegel weitergeschmiedet werden (Abb. 92 c–e). Anschließend erfolgte die Verzierung durch Punzen, die wie bei dem dickwandigeren Kegel von Schifferstadt mit dem Hammer eingeschlagen oder wie bei dem dünnwandigen Exemplar von Ezelsdorf einfach eingedrückt wurden (Abb. 92 f).

# Das Neue Zeitalter – Frühes Eisen

VON ALBRECHT JOCKENHÖVEL

Um 1270 v. Chr. antwortete der Hethiterkönig Hattusili III. dem assyrischen König auf dessen Bitte um die Lieferung von Eisen folgendes: »Was das reine Eisen betrifft, wegen dessen Du an mich schriebst, so ist reines Eisen in Kizzuwatna in meiner Siegelkammer nicht vorhanden. Eisen zu machen war jetzt eine ungünstige Zeit, aber ich habe geschrieben, reines Eisen zu machen. Bis jetzt hat man es noch nicht fertig, wenn man es fertig hat, werde ich es Dir schikken. Jetzt schicke ich Dir eine eiserne Dolchklinge.« Der Brief gibt nicht nur Einblicke in die Problematik des Eisenmachens, sondern auch in die diplomatischen Gepflogenheiten des bronzezeitlichen »Gabentausches« zwischen den Regierenden der damaligen Zeit. Wie ein solcher Eisendolch aussehen konnte, zeigt der Eisendolch aus dem Grab des ägyptischen Pharaos Tutanchamun. Eisen war jahrhundertelang in den bronzezeitlichen Hochkulturen ein überaus wertvoller Werkstoff, aus dem vor allem auch Kultgeräte hergestellt wurden. Von da war es aber noch ein langer Weg zum Eisen als allgemeinem und billigem Werkstoff; erst ab 1000 v. Chr. war Eisen im Vorderen Orient weit verbreitet.

Ähnlich verlief auch die Entwicklung in Europa, Deutschland einbezogen, wohin der »Weg des Eisens«, das »know how« seiner Verhüttung, aus dem bronzezeitlichen Vorderen Orient und der Ägäis via Balkan und/oder Italien führte, denn mit der Entdeckung des neuen Werkstoffs Eisen kam es keineswegs schlagartig zu seiner schnellen Verbreitung. Zunächst blieben die bronzezeitlichen Eisengegenstände zumeist Kostbarkeiten. Immer noch wird als ältester Eisengegenstand Deutschlands ein »Fingerring« aus einem Dolchgrab von Vorwohlde (Niedersachsen), das in das 16. Jahrhundert v. Chr. zu datieren ist, angesehen, aber es handelt sich hier um eine zufällige Eisenkonkretion. Gegenstände aus Meteoreisen sind in Mitteleuropa unbekannt.

Die ältesten Eisengegenstände Deutschlands stammen schon aus dem 11.–10. Jahrhundert v. Chr. Es handelt sich um kleinere Meißel, Pfrieme, Nadeln und Ringchen. Möglicherweise wurden schon vorher Eisenwerkzeuge verwendet, um Verzierungen in die weichere Bronze einzupunzen oder zu gravieren. Besonders beliebt war das Eisen als Einlage in hochwertigen Bronzegegenständen, wie z. B. in Schwertgriffen (Abb. 93. 95). Mit ihrer dunklen, silbrigschwarzen Farbe stachen die in die goldgelbe Bronze eintauschierten Eisenfäden farblich stark ab. Die Zahl der Schwerter, bei denen der Griff aus Bronze, die Klinge aus Eisen bestand, nahm gegen Ende der Jungbronzezeit zu (Abb. 84). In sehr reich ausgestatteten Gräbern des 9./8. Jahrhunderts wie Seddin (Brandenburg) (vgl. Abb. 43) fanden sich Schmuck und Geräte aus Eisen.

Woher das Eisen stammt, ist unbekannt. Es muß im Rennofen hergestellt worden sein. Sein großer Vorteil gegenüber der Bronze ist besonders seine Schmiedbarkeit bzw. seine Verformbarkeit. Es fehlen aber Spuren für eine Verhüttung und Verarbeitung des Eisens. Andererseits haben wir es bei den Funden aus dem 9./8. Jahrhundert v. Chr. offenbar nicht mehr ausschließlich mit Import von Schmiedeeisen oder von fertigen Gegenständen zu tun, sondern mit einem Werkstoff, der im ferneren oder näheren Bereich der Niederlassungen verarbeitet wurde. Dabei wurde entweder das Schmiedeeisen als Rohmaterial eingeführt, und die heimischen Bronzeschmiede verarbeiteten es weiter, oder Eisen wurde in nächster Nachbarschaft von diesen Siedlungen produziert, wobei sich allmählich die Buntmetallschmiede mit den Eigenschaften und Anforderungen des neuen Stoffes vertraut machten. Einige Serienuntersuchungen jungbronzezeitlicher Bronzen hatten zum Ergebnis, daß gegen Ende der Bronzezeit offenbar überregional eine Krise in der Versorgung mit Kupfer und Zinn eintrat, deren Ursache noch im dunkeln liegt. Dem Kupfer wurde anstelle von Zinn jetzt vermehrt Blei zulegiert. Eisen wurde allmählich zu einem Ersatz für die Bronze; es war fast überall aufzufinden und ersetzte die Bronze, die komplizierter zu beschaffen war, zunächst in der Bewaffnung und bei den Werkzeugen und Geräten. Schmuck wurde auch in der Eisenzeit noch weitgehend aus Bronze hergestellt.

**93 Eiseneinlagen zieren den Griff eines Vollgriffschwertes von Unterkrumbach (Mittelfranken). Mit der schwärzlichen Einlage in der ursprünglich goldfarbenen Bronze wird eine Art Metallmalerei erzeugt.**

# Rückblick und Ausblick

VON ALBRECHT JOCKENHÖVEL

Rückblickend ist zunächst zu sagen, daß es die »Bronzezeit in Deutschland« als regionale Größe nicht gab, sondern daß fast alle ihre Kulturerscheinungen eingebettet waren in größere, überregionale Zusammenhänge, deren Zentren öfters außerhalb der deutschen Fundlandschaften lagen. Jedoch haben viele Landschaften Deutschlands in der Bronzezeit ihren eigenständigen Charakter, und sie tragen wesentlich zum Verständnis der mitteleuropäischen Bronzezeitkultur bei. Dies gilt zum Beispiel in gleicher Weise für die in Mitteleuropa fast singulären sog. »Fürstengräber« der Aunjetitzer Kultur Mitteldeutschlands (vgl. Abb. 41. 45) wie für die frühurnenfelderzeitlichen Wagengräber Süddeutschlands (z. B. Abb. 73). Die in beiden Fundgruppen zum Tragen kommenden reichen Ausstattungen sind über alle grabrituell bedingten Nivellierungen hinweg deutliche Hinweise auf eine größere Differenzierung der bronzezeitlichen Gesellschaft. Offenbar setzten mit den komplizierten Metallgewinnungs- und -verarbeitungsprozessen tiefgreifende Veränderungen in der bronzezeitlichen Gesellschaft ein, die in einem Wechselspiel allmählich alle Bereiche erfaßten. Die soziale Pyramide der vorgeschichtlichen Gesellschaft wurde in der Bronzezeit in ihren unteren und mittleren Stufen schärfer konturiert; die bronzezeitliche Führungsschicht ist gegenüber der vorangehenden Jungsteinzeit klarer ausgebildet. Offenbar war sie in der Lage, Kontrolle über das Land und seine Ressourcen auszuüben, wozu auch Menschen und Rohstoffe gehörten. Im Zuge einer zunehmenden »Territorialisierung«, für die die keramischen Kleingruppen, die Verbreitung von Trachtkreisen oder die Einzugsbereiche von befestigten Siedlungen als Orten der Macht beredte Zeichen sind, erfolgte eine stärkere Zentralisierung und auch Vereinheitlichung, die in der Verbreitung überörtlicher Gemeinsamkeiten, zum Beispiel in religiösen Äußerungen, zum Ausdruck kam.

Die rasch um sich greifende Metallverarbeitung wirkte sich auf fast alle Lebensbereiche des bronzezeitlichen Menschen aus. Erzprospektoren erkundeten lagerstättenträchtige Landschaften, Bergleute schlossen sich zu größeren Gruppen zusammen und betrieben einen Bergbau, der, wie in den österreichischen Alpen mit guten Gründen vermutet wird, bereits auf die Zulieferung landwirtschaftlicher Produkte angewiesen war. Die anschließende Verhüttung der Kupfererze in einem mehrstufigen Prozeß und das Gießen der Bronze, zu der noch das rare Zinn kommen mußte, sowie die teilweise komplizierte Weiterverarbeitung – auch von Edelmetallen (vgl. Abb. 92) – erforderten werkkundige Spezialisten. In der Bronzezeit als erstem technisch geprägten Zeitalter wurden die geographischen, geologischen, chemischen und physikalischen Kenntnisse des vorgeschichtlichen Menschen, auf die spätere Epochen (im Bergbau teilweise bis zum Mittelalter) zurückgreifen konnten, erheblich ausgeweitet.

Mit dem allein für diesen Lebensbereich notwendigen planmäßigen Vorgehen geht eine technische Erfindungslust einher, die eng gekoppelt ist mit einem ausgeprägten künstlerischen Schaffen. Es waren offenbar die Handwerker, die untereinander in enger Verbindung standen, denn nur so, von persönlicher Mobilität (»Wanderhandwerker«) abgesehen, war der Austausch von technischen Konventionen, handwerklichen Fähigkeiten und Spezialkenntnissen gewährleistet. Die meisten Erzeugnisse der Bronzezeit lassen noch heute den Betrachter teilhaben an dem ausgefeilten Können und Wissen dieser Handwerker. Zu den bleibenden Errungenschaften der Bronzezeit gehören die volle Entfaltung der Metallurgie, die Einführung von jeweils geeigneten Legierungen und meisterhaft beherrschten Gußtechniken sowie eine ausgefeilte Blechschlägerei. Hohe gedankliche Überlegungen in der Vorbereitung und Ausführung der aufeinander abgestimmten Arbeitsabläufe deuten auf eine Exaktheit im Handwerk – bis hin zum Zirkelschlag (auf der Amphore von Gevelinghausen [Abb. 79] wurden die Radien für die Kreise innen vorliniert). Auch das Werkzeugrepertoire (z. B. Abb. 34) wurde erheblich erweitert. Gleichzeitig ermöglichten gewisse Gußtechniken eine Art Massenproduktion (z. B. für Beile [Abb. 42] oder Sicheln [Abb. 25]), die wiederum eine Wertbildung, eine Thesaurierung, förderten.

Die materielle Wertschöpfung kam besonders der bronzezeitlichen Oberschicht zugute, deren Lebensstandard teilweise fast luxuriöse Züge annahm, besonders in der Jungbronzezeit mit reichem Eß- und Trinkgeschirr (z. B. Abb. 77. 78. 90). In manchen Gebieten bzw. an manchen Orten scheinen sich geradezu Macht und Reichtum niederzuschlagen (z. B. Seddin [Abb. 43]), ohne daß wir über die eigentlichen Ursachen schon Näheres wissen. Es sind die Waffenträger bzw. Krieger, die das Bild der bronzezeitlichen Gesellschaft prägen, auch hier grundlegend für spätere Entwicklungen. »Krieg und Frieden« bestimm-

**94 Aus Pattensen-Schulenburg, Kreis Hannover (Niedersachsen), stammt ein goldener Halskragen, eine Lunula (Durchmesser 17,5 cm), die ihre besten Parallelen in Westeuropa, besonders in Irland hat. Etwa 1. Hälfte 2. Jt. v. Chr.**

**95 Der Knauf eines bronzenen Vollgriffschwertes mit eisentauschiertem Griff von Bruck (Oberbayern) trägt eine Elfenbeinplatte und bezeugt die Verwendung kostbarer Materialien weit entfernt von ihren Herkunftsgebieten. Etwa 9./8. Jh. v. Chr.**

ten den Ablauf bronzezeitlichen Geschehens. Wenn wir auch direkte Kampfhandlungen kaum fassen können, belegen doch die waffentechnische Ausrüstung und die speziell auf sie bezogenen handwerklichen Fähigkeiten, daß die Waffen, besonders die Schwerter, eine zentrale Rolle in der bronzezeitlichen Gesellschaft spielten. Diese Kriegerschicht war von der Frühbronzezeit an die führende Schicht, sie setzte die »Maßstäbe«. Wenn auch viele Waffen aufgrund ihres Aussehens oder ihrer Konstruktion kaum für den Kampf tauglich waren, so kamen ihnen über einen reinen Protz- oder Prestigecharakter sicher auch Rechts- und Symbolfunktionen zu, weitere Hinweise dafür, daß das »Militärische« andere Bereiche der Gesellschaft erfaßte. Es ist wohl kein Zufall, daß mit der Einführung der echten Kupfer-Zinn-Technologie gegen Ausgang der Frühbronzezeit in weiten Bereichen Süd- und Mitteldeutschlands ein ausgefeiltes Befestigungswesen (Abb. 15–17) entstand. Diese frühen »Burgen« dienten dem Schutz der Kleinstämme, dem Schutz des örtlichen Reichtums, wie er zum Beispiel auf dem Bullenheimer Berg (Abb. 61) in Mittelfranken angehäuft wurde. In der Bronzezeit wurden die Wurzeln gelegt für größere kriegerische Auseinandersetzungen in Europa, indem geeignete Schutz- und Trutzwaffen entwickelt und das Befestigungswesen effektiv ausgebaut wurde. Nicht zuletzt ist wohl auch die aufkommende Pferdehaltung in diesem Kontext zu sehen.

Als Beute und Tribut wurden sicher viele kostbare Gegenstände weggeschafft; aber auch fried-

**96 Bereits zur Forschungsgeschichte gehört das Lebensbild der Bronzezeit, wie es in den ersten Jahrzehnten unseres Jahrhunderts entworfen wurde. Die Männertrachten gehen auf die nordischen Baumsarggräber zurück. Die Vorstellung, daß die bronzezeitliche Bevölkerung Hirten gewesen sind, beruht auf der Verbreitung mittelbronzezeitlicher Grabhügel in höhergelegenen, heute bewaldeten Gebieten. – Nach K. Schumacher.**

liche Vorgänge stehen hinter der Verteilung wertvoller Objekte. So wie in der Welt Homers spielte in den archaischen Gesellschaften Mitteleuropas auch das Geschenkwesen, der Gabentausch, eine große Rolle. Persönliche Allianzen von Kriegern, Bündnisse von größeren Gruppen werden durch solche Geschenke, aber auch den Austausch von Frauen – archäologisch manchmal faßbar – bekräftigt.

Überhaupt – Austausch und »Handel«, gegründet auf der Beschaffung und Verteilung wertvoller Mineralien und Rohstoffe – sei es Gold, Silber, Kupfer, Zinn, Bernstein, Salz, Elfenbein (Abb. 95) – sowie begehrter Endprodukte – Gold- und Bronzeblecharbeiten, Glas, Textilien – förderten eine gewisse »Internationalität« in der Bronzezeit. In manchen Abschnitten der Bronzezeit zeigt sich dies besonders deutlich an dem Vorkommen wichtiger Fundgruppen weit außerhalb ihres eigentlichen Verbreitungsgebietes (Abb. 94). Man könnte geradezu die ausgehende Jungbronzezeit, den Übergang zur Eisenzeit, als eine Art Vorläufer der mittel- und westeuropäischen Integration heutiger Tage sehen, denn in einem engen Beziehungsgeflecht gab es – bei allem Trennenden – auf vielen Gebieten überregionale Gemeinsamkeiten, nicht nur in der materiellen Kultur. Weiterentwicklungen im Wagen- und Schiffsbau förderten und erleichterten diese Kontakte.

Nicht zu übersehen sind diese überregionalen Gemeinsamkeiten auch in Religion und Kult der Bronzezeit. Zwar gibt es tiefe Brüche im Grabbrauch, jedoch über weite Strecken hinweg viele

Übereinstimmungen im religiösen Symbolgut und in den Kultpraktiken. Als Beispiele möge für die ältere Bronzezeit Norddeutschlands und Südskandinaviens die sich um den »Sonnenwagen« von Trundholm, für die jüngere Bronzezeit Zentralmitteleuropas die sich um die Vogel-Sonnen-Barke (z. B. auf der Amphore von Gevelinghausen [Abb. 79]) rankende, für uns heute schwer erklärbare Mythologie genannt werden. Als bäuerlich geprägte Kultur steht die Bronzezeit Mitteleuropas neben den Hochkulturen des östlichen Mittelmeergebietes. Nur gelegentlich gelangten aus diesen Zentren in die Peripherie Gegenstände (vgl. Abb. 4) oder Impulse, die teilweise innovativ wirkten. Erst gegen ihr Ende tritt die Bronzezeit nördlich der Alpen in engeren Kontakt mit südlicheren Ländern, jetzt vor allem mit Italien, wo sich die frühetruskische Gesellschaft formierte und erste griechische Kolonien gegründet wurden. Griechen und Etrusker sind es dann, die in den folgenden, schon eisenzeitlichen Jahrhunderten das Bild der süddeutschen Hallstatt- und frühen Latènezeit bestimmten. Die Welt des »Fürsten von Hochdorf«, der Heuneburg bei Hundersingen usw. ist grundverschieden, die gesellschaftliche Differenzierung war in der Eisenzeit landschaftsbezogen offenbar noch größer, aber die Wurzeln reichen in die Bronzezeit zurück.

Schließlich formierten sich in der ausgehenden Bronzezeit die von den antiken Schriftstellern bekannten Stämme Alteuropas. Heute ist man aufgrund leidvoller Erfahrungen und politischen Mißbrauchs zwar vorsichtiger, Illyrer, Veneter, Kelten, Germanen und Slawen bis in die Bronzezeit zurückzuverfolgen und ihnen exakt abgrenzbare Gebiete zuzuweisen, aber es gibt doch gute Gründe, die Ethnogenese dieser Stämme in der Bronzezeit beginnen zu lassen. Wenn wir noch bedenken, daß in der ausgehenden Bronzezeit auch noch Spuren reiternomadischer indoarischer Völker bis nach Deutschland hinein faßbar sind, verstärkt sich das Bild der Bronzezeit (auch der Bronzezeit in Deutschland) von einer dynamischen Zeitepoche, in der viele Fundamente späterer historischer Konstellationen gelegt wurden.

# Literatur


### Allgemeine und weiterführende Literatur

Beiträge zur Geschichte und Kultur der mitteleuropäischen Bronzezeit (Berlin u. Nitra 1990).
R. Breddin, Die mittel- und jungbronzezeitlichen Stämme im südlichen Teil der DDR – Lausitzer Kultur. In: W. Coblenz u. F. Horst (Hrsg.), Mitteleuropäische Bronzezeit (Berlin 1978) 71–86.
W. Coblenz u. F. Horst (Hrsg.), Mitteleuropäische Bronzezeit (Berlin 1978).
F. Holste, Die Bronzezeit im nordmainischen Hessen (Berlin 1939).
F. Holste, Die Bronzezeit in Süd- und Westdeutschland. Handb. d. Urgesch. Deutschlands Bd. 1 (Berlin 1953).
A. Jockenhövel, Die Bronzezeit. In: F.-R. Herrmann u. A. Jockenhövel (Hrsg.), Die Vorgeschichte Hessens (Stuttgart 1990) 195–244.
R. Krause, Die endneolithischen und frühbronzezeitlichen Grabfunde auf der Nordstadtterrasse von Singen am Hohentwiel (Stuttgart 1988).
F. Laux, Die Bronzezeit in der Lüneburger Heide (Hildesheim 1971).
A. Metzler u. O. M. Wilbertz, Bronzezeit. In: H.-J. Häßler (Hrsg.), Ur- und Frühgeschichte in Niedersachsen (Stuttgart 1991) 155–192.
H. Müller-Karpe, Beiträge zur Chronologie der Urnenfelderzeit nördlich und südlich der Alpen (Berlin 1959).
H. Müller-Karpe, Handbuch der Vorgeschichte. Bd. III Kupferzeit (München 1974); Bd. IV Bronzezeit (München 1980).
Prähistorische Bronzefunde (München 1969 ff.; Stuttgart 1991 ff.).
K. W. Struve, Die Bronzezeit. In: K. W. Struve, H. Hingst u. H. Jankuhn, Von der Bronzezeit bis zur Völkerwanderungszeit. Geschichte Schleswig-Holsteins (hrsg. v. O. Klose) Bd. 2 (Neumünster 1979) 1–144.
W. Torbrügge, Die Bronzezeit in Bayern. Stand der Forschungen zur relativen Chronologie. Ber. d. Röm.-German. Kommission 40, 1959, 1–78.
W. Torbrügge u. H. P. Uenze, Bilder zur Vorgeschichte Bayerns (Lindau u. Stuttgart 1968).
G. Weber, Händler, Krieger, Bronzegießer. Bronzezeit in Nordhessen. Vor- u. Frühgesch. im Hess. Landesmus. Kassel H. 3 (1992).

### An der Schwelle der Geschichte – Bronzezeit als historische Epoche

A. F. Harding, The Mycenaeans and Europe (London 1984).
T. Bader u. a., Orientalisch-ägäische Einflüsse in der europäischen Bronzezeit (Bonn 1990).

### Leben, Krankheit und Tod – Skelettfunde als Spiegel der Lebensbedingungen in der Bronzezeit

J.-W. Neugebauer, Die Bronzezeit im Osten Österreichs (St. Pölten u. Wien 1987).
M. Schultz, Umwelt und Krankheit des vor- und frühgeschichtlichen Menschen. In: H. Wendt u. N. Loacker (Hrsg.), Kindlers Enzyklopädie »Der Mensch« Bd. 2 (München u. Zürich 1982) 259–312.
M. Schultz, Paläopathologie – Erkenntnisse aus Kinderskeletten. Archäologie in Deutschland 1992 H. 1, 18–22.
H. J. Windl, J.-W. Neugebauer, M. Teschler-Nicola u. Ch. Neugebauer-Maresch, Mensch und Kultur der Bronzezeit. Katalog Asparn/Zaya (Wien 1988).

### Herd, Haus und Hof – Siedlungswesen

K. Leidorf, Südbayerische »Herrenhöfe« der Hallstattzeit. In: Archäologische Denkmalpflege in Niederbayern. 10 Jahre Außenstelle des Bayerischen Landesamtes für Denkmalpflege in Landshut (1973–1983). Arbeitsh. 26 d. Bayer. Landesamtes f. Denkmalpfl. (München 1985) 129–142.
U. Müller, Studien zu den Gebäuden der späten Bronzezeit und der Urnenfelderzeit im erweiter-

ten Mitteleuropa (Berlin 1986).
M. Müller-Wille, Bäuerliche Siedlungen der Bronze- und Eisenzeit in den Nordseegebieten. In: H. Jankuhn, R. Schützeichel u. F. Schwind (Hrsg.), Das Dorf der Eisenzeit und des frühen Mittelalters. Abhandl. d. Akad. d. Wissenschaften in Göttingen, phil.-hist. Kl., 3. Folge Nr. 101 (Göttingen 1977) 153–218.

**Schutz und Repräsentation: bronzezeitlicher Burgenbau – Eine Neuerung im prähistorischen Siedlungswesen**

Beiträge zum bronzezeitlichen Burgenbau in Mitteleuropa (Berlin u. Nitra 1982).
W. Coblenz, Burgen der Lausitzer Kultur in Sachsen. In: R. v. Uslar u. K. J. Narr (Hrsg.), Studien aus Alteuropa I. Beih. d. Bonner Jahrb. 10/I (Köln u. Graz 1964) 189–204.
A. Jockenhövel, Zu befestigten Siedlungen der Urnenfelderzeit aus Süddeutschland. Fundber. aus Hessen 14, 1974, 19–62.
A. Jockenhövel, Bronzezeitlicher Burgenbau in Mitteleuropa. Untersuchungen zur Struktur frühmetallzeitlicher Gesellschaften. In: T. Bader u. a., Orientalisch-ägäische Einflüsse in der europäischen Bronzezeit (Bonn 1990) 209–228.
P. Schauer, Befestigte Höhen der Urnenfelderzeit und der älteren Eisenzeit in Süddeutschland. In: H. Dannheimer u. R. Gebhard (Hrsg.), Das keltische Jahrtausend (Mainz 1993) 62–74.

**Wohnen am See – Bronzezeitliche »Pfahlbauten«**

W. Kimmig, Die »Wasserburg Buchau« – eine spätbronzezeitliche Siedlung (Stuttgart 1992).
H. Schlichtherle, Pfahlbauten: die frühe Besiedlung des Alpenvorlandes. In: J. Lüning u. a., Siedlungen der Steinzeit (Heidelberg 1989) 140–153.
W. Torke, Abschlußbericht zu den Ausgrabungen in der »Siedlung Forschner« und Ergebnisse der Bauholzuntersuchungen. Ber. d. Röm.-German. Kommission 71, 1990, 52–57.

**Umwelt – Landwirtschaft – Ernährung**

H.-E. Joachim, Zu eisenzeitlichen Reibsteinen aus Basaltlava, den sog. Napoleonshüten. Arch. Korrespondenzbl. 15, 1985, 359–369.
A. Jockenhövel, Agrargeschichte der Bronzezeit und vorrömischen Eisenzeit. In: F.-W. Henning (Hrsg.), Deutsche Agrargeschichte Bd. I (Stuttgart; in Vorbereitung).
K.-H. Knörzer, Deutschland nördlich der Donau. In: K.-E. Behre u. a. (Hrsg.), Progress in Old World Palaeoethnobotany (Rotterdam 1991) 189–206.
H. Küster, Mitteleuropa südlich der Donau, einschließlich Alpenraum. In: K.-E. Behre u. a. (Hrsg.), Progress in Old World Palaeoethnobotany (Rotterdam 1991) 179–188.
U. Tegtmeier, Neolithische und bronzezeitliche Pflugspuren in Norddeutschland und den Niederlanden (Bonn 1993).
M. Währen, Das Brot der Bronzezeit und älteren Vorrömischen Eisenzeit nördlich der Alpen unter besonderer Berücksichtigung von Brotfunden aus Kreisgrabenfriedhöfen des Münsterlandes. Ausgr. u. Funde in Westfalen-Lippe 5, 1987, 23–72.

**Arbeiten an Ofen und Tiegel – Frühe Metallurgen und Künstler**

H. Drescher, Der Überfangguß (Mainz 1958).
A. Jockenhövel, Struktur und Organisation der Metallverarbeitung in urnenfelderzeitlichen Siedlungen Süddeutschlands. Veröffentl. d. Mus. f. Ur- und Frühgesch. Potsdam 20, 1986, 213–234.
A. Jockenhövel u. G. Wolf, Paläometallurgische Untersuchungen zur Bronze- und Eisenzeit im Gebiet zwischen Mosel und Werra. Jahrb. d. Röm.-German. Zentralmus. Mainz 35, 1988 (1991) 536–550.
K. Simon, Beiträge zur Urgeschichte des Vogtlandes. Arbeits- u. Forschungsber. z. sächsischen Bodendenkmalpfl. 33, 1989, 115–226; 34, 1991, 63–156.
R. Wyss, Bronzezeitliche Gußtechnik (Bern 1967).

**Ortsfest und mobil – Haus und Handwerk, Handel und Verkehr**

T. Capelle, Holzgefäße vom Neolithikum bis zum späten Mittelalter (Hildesheim 1976).
Th. E. Haevernick, Urnenfelderzeitliche Glasperlen. Eine Bestandsaufnahme. Zeitschr. f. Schweiz. Archäologie u. Kunstgesch. 35, 1978, 145–157.
W. Matthias, Die Salzproduktion – ein bedeutender Faktor der Wirtschaft der frühbronzezeitlichen Bevölkerung an der mittleren Saale. Jahresschr. f. mitteldeutsche Vorgesch. 60, 1976, 373–394.
J.-P. Schmidt, Holzschalenbeschläge aus Schuby, Kr. Schleswig-Flensburg. Zu den Holzschalen der älteren Bronzezeit in Norddeutschland und Dänemark. Hammaburg NF 10, 1993, 115–120.
R. Schulz, Die natürlichen Vorkommen von Bernstein in Nordbrandenburg und die Besiedlung der Bronzezeit. Veröffentl. d. Brandenburg. Landesmus. f. Ur- und Frühgesch. 27, 1993, 32–46.

### Bauern und Krieger, Künstler und Händler – Bronzezeitliche Gesellschaft

H. Hennig, Spätbronzezeitliche Gräber aus dem Behringersdorfer Forst, Landkr. Lauf a.d. Pegnitz. Jahresber. d. Bayer. Bodendenkmalpfl. 11/12, 1970/71 (1977) 19–60.
H. Wüstemann, Zur Sozialstruktur im Seddiner Kulturgebiet. Zeitschr. f. Archäologie 8, 1974, 67–107.
Vgl. auch P. Schauer bzw. K.-H. Willroth bei: Nadel, Schwert und Lanze – Tracht und Bewaffnung des Mannes.

### Der Weg ins Totenreich – Bestattungs- und Beigabensitten

J. Bergmann, Ein Gräberfeld der jüngeren Bronze- und älteren Eisenzeit bei Vollmarshausen, Kr. Kassel (Marburg 1982).
F.-R. Herrmann u. A. Jockenhövel, Bronzezeitliche Grabhügel mit Pfostenringen bei Edelsberg, Kr. Limburg-Weilburg. Fundber. aus Hessen 15, 1975 (1977) 87–127.
W. Kimmig, Die Urnenfelderkultur in Baden. Untersucht aufgrund der Gräberfunde (Berlin 1940).
W. Kubach, Die Stufe Wölfersheim im Rhein-Main-Gebiet (München 1984).
W. Ruckdeschel, Geschlechtsdifferenzierte Bestattungssitten in frühbronzezeitlichen Gräbern Bayerns. Bayer. Vorgeschichtsbl. 33, 1968, 18–44.
W. Torbrügge, Grabhügel der frühen Bronzezeit in Süddeutschland. In: Festschr. z. 100jähr. Jubiläum d. Abt. Vorgesch. d. Naturhist. Ges. Nürnberg e.V. (1982) 65–82.
U. Wels-Weyrauch, Zu hügelgräberzeitlichen Bestattungssitten auf der Schwäbischen Alb. Jahresber. d. Inst. f. Vorgesch. d. Univ. Frankfurt a. M. 1978–79, 128–178.

### Nadel, Schwert und Lanze – Tracht und Bewaffnung des Mannes

Bewaffnung. In: Reallexikon d. Germanischen Altertumskunde, 2. Aufl., Bd. 2 (Berlin u. New York 1976) 361–482.
F. Laux, Zur älteren und mittleren Bronzezeit in Niedersachsen. In: Beiträge zur Geschichte und Kultur der mitteleuropäischen Bronzezeit (Berlin u. Nitra 1990) 275–294.
E. Munksgaard, Oldtidsdragter (Kopenhagen 1974).
K. Schlabow, Gewebe und Gewand zur Bronzezeit. Veröffentl. Förderver. Textilmus. Neumünster H. 3 (Neumünster 1962).
P. Schauer, Überregionale Gemeinsamkeiten bei Waffengräbern der ausgehenden Bronzezeit und älteren Urnenfelderzeit des Voralpenraumes. Jahrb. d. Röm.-German. Zentralmus. Mainz 31, 1984, 209–235.
P. Schauer, Schutz- und Angriffswaffen bronzezeitlicher Krieger im Spiegel ausgewählter Grabfunde Mitteleuropas. In: Beiträge zur Geschichte und Kultur der mitteleuropäischen Bronzezeit (Berlin u. Nitra 1990) 381–410.
E. Speitel, Zum Übergang von der Hügelgräberkultur zur Unstrutgruppe in Thüringen. In: Beiträge zur Geschichte und Kultur der mitteleuropäischen Bronzezeit (Berlin u. Nitra 1990) 443–467.
K.-H. Willroth, Schleswig-Holstein während der älteren Bronzezeit. Anmerkungen zur Gliederung der Grabfunde der Perioden II und III. In: Beiträge zur Geschichte und Kultur der mitteleuropäischen Bronzezeit (Berlin u. Nitra 1990) 537–555.

### Im Grab erhalten, im Leben getragen – Tracht und Schmuck der Frau

F. Laux, Flügelhauben und andere Kopfbedeckungen der bronzezeitlichen Lüneburger Gruppe. Hammaburg NF 6, 1984, 49–76.
U. Wels-Weyrauch, Die Anhänger und Halsringe in Südwestdeutschland und Nordbayern (München 1978).
U. Wels-Weyrauch, Die Anhänger in Südbayern (Stuttgart 1991).
U. Wels-Weyrauch, Mittelbronzezeitliche Frauentrachten in Süddeutschland (Beziehungen zur Hagenauer Gruppierung). In: Dynamique du Bronze Moyen en Europe Occidentale. Actes du 113ᵉ Congrès National des Sociétés Savantes Strasbourg 1988, Commission de Pré- et Protohistoire (Paris 1989) 117–134.

### Vergraben, versenkt, verbrannt – Opferfunde und Kultplätze

W. A. v. Brunn, Mitteldeutsche Hortfunde der jüngeren Bronzezeit (Berlin 1968).
H. Geißlinger, Depotfund, Hortfund. In: Reallexikon d. Germanischen Altertumskunde, 2. Aufl., Bd. 5 (Berlin u. New York 1984) 320–338.
M. Geschwinde, Höhlen im Ith. Urgeschichtliche Opferstätten im südniedersächsischen Bergland (Hildesheim 1988).
F. Horst, Bronzezeitliche Speiseopfer in Gefäßen. In: Geneza kultury łużyckiej na terenie nadodrza (Polska Akad. NAUK Wrocław – Kom. Humanist. Sek. Arch. [Wrocław 1977]) 109–148.
H.-J. Hundt, Versuch zur Deutung der Depotfunde der nordischen jüngeren Bronzezeit. Jahrb. d. Röm.-German. Zentralmus. Mainz 2, 1955, 95–140.
W. Kubach, Deponierungen in Mooren der südhessischen Ober-

rheinebene. Jahresber. d. Inst. f. Vorgesch. d. Univ. Frankfurt a. M. 1978–79, 189–310.
W. Kubach, Einzel- und Mehrstückdeponierungen und ihre Fundplätze. Arch. Korrespondenzbl. 15, 1985, 179–185.
M. Menke, Studien zu den frühbronzezeitlichen Metalldepots Bayerns. Jahresber. d. Bayer. Bodendenkmalpfl. 19–20, 1978–79 (1982).
A. v. Müller, Die jungbronzezeitliche Siedlung von Berlin-Lichterfelde (Berlin 1964).
F. Stein, Bronzezeitliche Hortfunde in Süddeutschland. Beiträge zur Interpretation einer Quellengattung (Bonn 1976).
W. Torbrügge, Vor- und frühgeschichtliche Flußfunde. Zur Ordnung und Bestimmung einer Denkmälergruppe. Ber. d. Röm.-German. Kommission 51–52, 1970–71, 1–146.

### Bilder, Amulette, Kultgerät

W. D. Asmus, Der Bildstein von Anderlingen und seine Verbindung zu Skandinavien. Die Kunde NF 41–42, 1990–91, 211–221.
T. Capelle, Zu den Halsringopfern der jüngeren Bronzezeit im westlichen Ostseegebiet. Acta Arch. (Kopenhagen) 38, 1967, 209–214.
T. Capelle, Norddeutsche Felsbilder (Hildesheim 1984).
I. Kubach-Richter, Amulettbeigaben in bronzezeitlichen Kindergräbern. Jahresber. d. Inst. f. Vorgesch. d. Univ. Frankfurt a. M. 1978–79, 128–178.
M. Lenerz-de Wilde, Überlegungen zur Funktion der frühbronzezeitlichen Stabdolche. Germania 69, 1991, 25–48.
P. Lysdahl u. a., Lurparret fra Ulvkær i Vendsyssel (The pair of lurs from Ulvkær, North Jutland). Kuml ( Årbog for Jysk Arkæologisk Selskab) 1990 (1992) 7–43.
H. Reim, Eine frühbronzezeitliche Stele von Tübingen-Weilheim. Arch. Ausgr. in Baden-Württemberg 1985, 81–84.

### Geschlagen aus Blech – Frühe Bronzegefäße

Ch. Jacob, Metallgefäße der Bronze- und Hallstattzeit in Nordwest-, West- und Süddeutschland (Stuttgart; im Druck).
A. Jockenhövel, Eine Bronzeamphore des 8. Jahrhunderts v. Chr. von Gevelinghausen, Kr. Meschede (Sauerland). Germania 52, 1974, 16–54.

### Schimmernde Wehr – Die ältesten Schutzwaffen aus Metall

B.-R. Goetze, Die frühesten europäischen Schutzwaffen. Anmerkungen zum Zusammenhang einer Fundgattung. Bayer. Vorgeschichtsbl. 49, 1984, 25–53.
H. Hencken, The Earliest European Helmets. American School of Prehistoric Research Bulletin 28 (Cambridge [Mass.] 1971).
P. Schauer, Der Rundschild der Bronze- und frühen Eisenzeit. Jahrb. d. Röm.-German. Zentralmus. Mainz 27, 1980 (1982) 196–248.
P. Schauer, Die Beinschienen der späten Bronze- und frühen Eisenzeit. Jahrb. d. Röm.-German. Zentralmus. Mainz 29, 1982, 100–155.

### Dolche und Schwerter – Der Waffenschmied und seine Technik

D. Ankner, Röntgenuntersuchungen an Riegseeschwertern. Ein Beitrag zur Typologie. Archäologie u. Naturwissenschaften 1, 1977, 269–459.
H.-J. Hundt, Produktionsgeschichtliche Untersuchungen über den bronzezeitlichen Schwertguß. Jahrb. d. Röm.-German. Zentralmus. Mainz 12, 1965, 41–58.
H. Wüstemann, Die Dolche und Stabdolche in Ostdeutschland (Stuttgart; im Druck).

### Pferd und Wagen

H. Hayen, Der Wagen in europäischer Frühzeit. In: W. Treue (Hrsg.), Achse, Rad und Wagen. Fünftausend Jahre Kultur- und Technikgeschichte (Göttingen 1986) 109–138.
H.-G. Hüttel, Bronzezeitliche Trensen in Mittel- und Osteuropa (München 1981).
W. Lampe, Ückeritz. Ein jungbronzezeitlicher Hortfund von der Insel Usedom (Berlin 1982).
Ch. F. E. Pare, Der Zeremonialwagen der Bronze- und Urnenfelderzeit – seine Entstehung, Form und Verbreitung. In: F. E. Barth u. a., Vierrädrige Wagen der Hallstattzeit (Mainz 1987) 25–67.
Ch. Pescheck, Ein reicher Grabfund mit Kesselwagen aus Unterfranken. Germania 50, 1972, 29–56.
S. Piggott, The Earliest Wheeled Transport. From the Atlantic Coast to the Caspian Sea (London 1983).
St. Winghart, Ein Wagengrab der späten Bronzezeit. Archäologie in Deutschland 1991 H. 3, 6–11.

### Gold – Die ewige Faszination

A. Hartmann, Prähistorische Goldfunde aus Europa. Spektralanalytische Untersuchungen und deren Auswertung (Berlin 1970).
W. Menghin u. P. Schauer, Der Goldkegel von Ezelsdorf. Kultgerät der späten Bronzezeit. Die vor- u. frühgeschichtl. Altertümer im German. Nationalmus. 3 (Nürnberg u. Stuttgart 1983).

P. Schauer, Die Goldblechkegel der Bronzezeit. Ein Beitrag zur Kulturverbindung zwischen Orient und Mitteleuropa. Mit einer handwerkstechnischen Untersuchung v. M. Fecht (Bonn 1986).

**Das Neue Zeitalter – Frühes Eisen**

Karin Peschel, Eisenfunde der Hallstattzeit im südlichen Mitteleuropa. In: F. Horst u. B. Krüger (Hrsg.), Produktivkräfte und Produktionsverhältnisse in ur- und frühgeschichtlicher Zeit (Berlin 1985) 207–216.
Th. A. Wertime u. J. D. Muhly (Hrsg.), The Coming of the Age of Iron (New Haven u. London 1980).

# Bildnachweis

Archäologisches Landesmuseum der Christian-Albrechts-Universität, Schleswig: 34
Bayerisches Landesamt für Denkmalpflege, München: 63, 73
Bayerisches Landesamt für Denkmalpflege, Außenstelle Bamberg: 15, 17
Bayerisches Landesamt für Denkmalpflege, Außenstelle Würzburg: 61, 87
Brandenburgisches Landesmuseum für Ur- und Frühgeschichte, Potsdam (D. Sommer): Titelbild, 74
Freie und Hansestadt Bremen, Der Landesarchäologe: 60
Heimat- und Geschichtsverein Schwanheim – Heimatmuseum, Frankfurt a. M.-Schwanheim: 37 A
Heimatmuseum Brandenburg (Atelier Jäger, Brandenburg): 82
F. Horst †, Berlin: 14
A. Jockenhövel, Münster i. W.: 23, 41, 68 links
A. Kreuz, Büdingen: 24
W. Kubach u. I. Kubach-Richter, Frankfurt a. M.: 5
I. Kubach-Richter (Entwurf), B. Gies (Ausführung), Frankfurt a. M.: 50
Landesamt für Archäologie Sachsen mit Landesmuseum für Vorgeschichte, Dresden: 27, 65, 78
Landesamt für Archäologische Denkmalpflege Sachsen-Anhalt mit Landesmuseum für Vorgeschichte, Halle (Saale): 25, 36, 39, 42, 45 B. C, 66, 80
Landesamt für Bodendenkmalpflege Mecklenburg-Vorpommern und Archäologisches Landesmuseum, Schloß Wiligrad, Lübstorf: 64, 71 B. C, 76 A, 81
Landesamt für Bodendenkmalpflege Mecklenburg-Vorpommern und Archäologisches Landesmuseum, Außenstelle Stralsund: 86 links
Landesdenkmalamt Baden-Württemberg, Stuttgart: 18 (O. Braasch), 20 (O. Braasch), 44
Landesdenkmalamt Baden-Württemberg, Außenstelle Tübingen: 69
Märkisches Museum, Berlin: 83 A
Museum Hanau – Hanauer Geschichtsverein: 37 B
Museum Rostock (Medienzentrum der Universität Rostock): 84 A
Museum Schloß Bernburg: 54
Nationalmuseum Kopenhagen: 75
Naturhistorische Gesellschaft Nürnberg (B. Mühldorfer): 93
Niedersächsisches Landesmuseum Hannover: 4, 22, 89, 94
Prähistorische Staatssammlung München (M. Eberlein): 30, 31, 33, 51, 58, 72, 77
J. Reichstein, Schleswig: 46
Rheinisches Landesmuseum, Bonn (H. Lilienthal): 49
Römisch-Germanisches Zentralmuseum, Mainz: 91
M. Schultz, Göttingen: 9–12
G. Schumacher-Matthäus, Münster i. W.: 2
U. Schwarz, Schw. Gmünd: 62
Schwedenspeicher-Museum, Stade: 88
Staatliche Museen Kassel, Hessisches Landesmuseum: 38 (A. Hensmanns), 48 (U. Brunzel), 52–53 (A. Hensmanns)
Staatliche Museen zu Berlin, Preußischer Kulturbesitz, Museum für Vor- und Frühgeschichte: 43 (H.-D. Beyer), 67 B–C (H.-D. Beyer), 90
Staatliches Museum für Naturkunde und Vorgeschichte, Oldenburg: 40, 85 (W. Knust)
Stadt- und Kreismuseum, Landshut: 95
Thüringisches Landesamt für Archäologische Denkmalpflege, Weimar: 59, 68 rechts
U. Wels-Weyrauch (Entwurf), B. Gies (Ausführung), Frankfurt a. M.: 56 A–C, 57 A–C
Westfälisches Museum für Archäologie, Amt für Bodendenkmalpflege, Münster i. W.: 21, 28, 79
Württembergisches Landesmuseum Stuttgart: 32
H. Wüstemann, Rostock: 83 B, 84 B

Nach W. D. Asmus, Kunde NF 41–42, 1990–91, 211 ff.: 70
Nach K. Bokelmann, Offa 34, 1977, 82 ff.: 26
Nach J. Herrmann, in: Herrmann (Hrsg.), Archäologie in der Deutschen Demokratischen Republik (1989) 106 ff.: 16
Nach Katalog d. Ausstellung prähistorischer und anthropologi-

scher Funde Deutschlands Berlin 1880 (1880): 71 A
Nach H. Keiling, Die Kulturen der mecklenburgischen Bronzezeit (1987): 76 B
Nach K. Kersten, Offa 1, 1936, 56 ff.: 47
Nach H. Koschik, Die Bronzezeit im südwestlichen Oberbayern (1981): 55
Nach W. Lampe, Ückeritz (1982): 86 rechts
Nach A. Michailidou, Knossos (1988): 1
Nach A. v. Müller, Die jungbronzezeitliche Siedlung von Berlin-Lichterfelde (1964): 67 A
Nach H. Müller-Karpe, Handbuch der Vorgeschichte Bd. IV (1980): 3
Nach S. Piggott, Ancient Europe (1965/1973): 45 A
Nach E. Pressmar, Elchinger Kreuz (1979): 35
Nach K. H. Rieder, Das Arch. Jahr in Bayern 1990, 45 f.: 13
Nach P. Schauer, Die Goldblechkegel der Bronzezeit. Mit einer handwerklichen Untersuchung von M. Fecht (1986): 92
Nach K. Schumacher, Siedelungs- und Kulturgeschichte der Rheinlande Bd. I (1921): 96
Nach E. Sprockhoff, Jungbronzezeitliche Hortfunde der Südzone des Nordischen Kreises (Periode V) (1956): 71 D
Nach W. Torke, Arch. Ausgr. in Baden-Württemberg 1989, 81 ff.: 19
Nach D. Walter, in: J. Herrmann (Hrsg.), Archäologie in der Deutschen Demokratischen Republik (1989) 85 ff.: 29
Nach G. Weber, Händler, Krieger, Bronzegießer. Bronzezeit in Nordhessen (1992): 6–8

# Die Autoren des Bandes

Prof. Dr. Albrecht Jockenhövel, Seminar für Ur- und Frühgeschichte der Universität Münster i. W.

Dr. Wolf Kubach, Seminar für Vor- und Frühgeschichte der Universität Frankfurt a. M.

Dr. Isa Kubach-Richter, Seminar für Vor- und Frühgeschichte der Universität Frankfurt a. M.

Christine Leitschuh-Weber M. A., Seminar für Vor- und Frühgeschichte der Universität Frankfurt a. M.

Prof. Dr. Dr. Michael Schultz, Zentrum Anatomie der Universität Göttingen

Gesine Weber M. A., Untere Denkmalschutzbehörde des Kreises Offenbach, Offenbach a. M.

Dr. Ulrike Wels-Weyrauch, Seminar für Vor- und Frühgeschichte der Universität Frankfurt a. M.

Prof. Dr. Harry Wüstemann, Institut für Altertumswissenschaften der Universität Rostock